历史上的帝国

蒙古帝国

历史顾问：艾骛德

〔美〕米夏埃尔·比尔冈　著
温海清　译

商务印书馆
The Commercial Press
2015年·北京

Michael Burgan
Great Empires of the Past:
Empire of the Mongols

本书根据Chelsea House, an imprint of Infobase Publishing 2009年版翻译出版

涵芬楼文化 出品

目录

引言

▲成吉思汗是第一位伟大的蒙古人领袖。在他以及他的子孙后代的统治下，蒙古人建立了由一个家族所控制的史无前例的大帝国。这是16世纪波斯细密画，绘制于成吉思汗去世300年之后，显示出他持久的影响力。

数千年来，马背上的勇士们驰骋中亚，征服临近的城镇。这些马背上的人们生活在草原上，这片平坦的草原地域，从亚洲一直延伸到中欧。这些骑马的人们，就是居无定所的游牧民。他们赶着成群的马、绵羊、骆驼、山羊和牛，从一个牧场迁移到另一个牧场。数个世纪以来，这些游牧民与古希腊人、罗马人、波斯人、中国人以及阿拉伯人，征战不休。

在所有这些中亚游牧勇士中，最为凶猛的是蒙古人。13 世纪，蒙古人从位于中国正北方的蒙古故土出发，向南和西两个方向扩张。在成吉思汗（约公元 1162－1227 年）与其子孙们的领导下，蒙古人迅速建立起一个版图由朝鲜延伸至东欧的帝国——这个有史以来最为广阔的地域，由一个家族进行统治。

这个大帝国很快又分裂成四个小帝国。与旧蒙古帝国有关系的最后一批主要的统治者，是北印度的莫卧儿人。他们的统治开始于 16 世纪。这些莫卧儿人将家族关系追溯到成吉思汗以及后来的突厥－蒙古统治者帖木儿（1336－1405 年），帖木儿又常常以英文名“Tamerlane”知名。

到莫卧儿人统治时期，在原蒙古帝国的绝大部分土地上，旧有的蒙古文化几乎快消失殆尽。蒙古人已经接受了他们所征服的人们的生活方式，也已经融入到了被征服者的社会当中。只有在蒙古故土，以及少数几块地处东部的草原地带上，蒙古的传统生活方式还保持不变。

蒙古人具有这样的决心，即向被征服民众学习以及采行被征服者的文化，这是蒙古人最为重要的力量之一。蒙古人善于借鉴往昔敌对民众的优点，这些民众具有良好的政治、艺术和社会模式。蒙古人的另一项主要的优势是军事力量。他们在马背上技巧非凡，并且在战场上又具有惊人的纪律性。每征服一片土地，他们就在当地招募新兵，然后带着越来越庞大的军队向新的领土进发。

12 世纪的世界

在成吉思汗崛起之前的几个世纪里，蒙古人只不过是生活于中亚草原之上的众多游牧部落中的一个。各具差异的突厥语民众，曾经先后统治过这片草原，同时汉人也影响着这一地区。蒙古诸部落融合了突厥民众，创造出一种常被我们所称的“突厥-蒙古”文化。直至12世纪时，蒙古诸部中包含有塔塔儿人、蒙古人、克烈亦惕人、乃蛮人以及蔑儿乞惕人。

这些蒙古部落民众，居住在这片广阔的欧亚大陆上。这片连绵不断的土地，包含了欧洲和亚洲的大部分地区。在罗马帝国最为鼎盛的公元2世纪，它控制了欧亚大陆的西半部。在大致相同的时期，中国的汉王朝则是欧亚大陆东部的主要势力。到12世

关联

什么是关联?

在这本书以及“历史上的帝国”系列的所有书里，都有“关联”一栏。它们指出源于这一帝国的思想、发明、艺术、饮食、风俗习惯以及许许多多依然是当今世界一部分的东西。远古历史中的国家和文化看起来似乎与现代社会相去甚远，但是这些关联则表明，我们现在的日常生活是如何被过去的人决定的。

纪时，这两大帝国早已消失，一大批大大小小的帝国或王国，在这块地区互争雄长。

罗马帝国在公元5世纪走向衰弱前，它就已一分为二。西欧随即分裂成许多王国和公国（由公侯所统治的小国）。政治上根源于罗马帝国的拜占庭帝国，则统治着东欧的部分地区。

在中东，一个伟大的伊斯兰帝国在公元7世纪的时候就已经崛起。随后，它又分裂成多个小帝国。在南亚地区，印度已发展了3000多年，形成一种伟大的文化。但是到12世纪的时候，印度本土的统治者逐渐丧失了统治权，让位于外来者。印度北部地区最终由突厥人所控制，他们最后又成为穆斯林。

在欧亚大陆的更东面，强大的汉人王朝统治着中国。12世纪，当汉人王朝逐渐衰退时，宋与金王朝之间又争权夺利。（一个王朝就是一个家族，这个家族能维持权力达数代之久，这种统治通常是父子相继。）许多小帝国，如一些突厥语族的小国，也在中国边疆地区争夺权力。

12世纪，在全世界范围内，宗教在政治与日常生活中所起的作用，要比现在大得多。宗教激发出伟大的艺术，同时也会引发血腥的战争。东欧和西欧就是由于宗教的原因而分裂，他们各执一词，都宣称自己是基督教的正统。伊斯兰教则统治着阿拉伯世界和波斯地区。伊斯兰教的影响又扩展到突厥各部所居住的中亚地区。

在印度，穆斯林征服开始以前，印度教和佛教（两者都源于印度）是当时主要的宗教。在中国，佛教与道教（一种中国本土的宗教）互相竞争，力图成为主要的一种宗教信仰。蒙古人虽有自己的宗教信仰，不过他们又常常接受被征服民众的宗教信仰。

12世纪，统治欧亚大陆的那些帝国，大部分都是定居民——他们建立永久的城镇，以农耕与贸易为业。相比蒙古人而言，定居民众拥有巨大的财富。但是大多数时候，在军事技能方面，他们又无法与游牧勇士相抗衡。他们同时又还有一些政治上和宗教上的分歧，使得他们无法团结一致对抗蒙古人。定居民的这些分歧，更有利于蒙古帝国的扩张。

征服的开始

第一位蒙古可汗（最高统治者）出现于11世纪末叶。稍后不久，蒙古人便与塔塔儿人开战。蒙古首领也速该（死于约1175年），他是第一位蒙古可汗的后裔，杀死了一位名叫铁木真（死于约1167年）的塔塔儿首领。也速该随后将自己刚刚出生的孩子命名为铁木真，这种命名方式在当时非常普遍。铁木真成为世界上有史以来最为伟大的将领之一——成吉思汗。

作为游牧民，蒙古人和他们的邻居经常去劫掠定居社会。蒙古各部之间也互相劫掠。某个部落的勇士，总会利用他的家族关系以及个人魅力，来取信其他的勇士，加入到自己的劫掠集团中来。

铁木真遵循这种轨迹走上权力之路，他带领一支日渐强大的队伍，战胜一个个更大的部落。到1206年时，铁木真已经统一了蒙古地区几乎所有的突厥-蒙古部落，并且赢得了“成吉思汗”的名号。关于这个名号的确切含义，现在还存有争议。有些学者认为它是“强硬的统治者”的意思，也有其他一些学者认为它的意思是“大海（全人类的）

突厥人与蒙古人

本书中的“蒙古人”（Mongol）一词，是用来描述蒙古帝国时代的蒙古民众。当使用“蒙古人民”（Mongolian）一词时，则是指现在的蒙古地区的民众。同样，本书中的“突厥”（Turkic，Turk或Turko）也是指历史上的民众，而不是指现在土耳其的居民。

的统治者”，当然还有其他更多的解释。在英语中，成吉思汗以及紧随其后的每一位蒙古帝国的统治者，都时常被称为“大汗”。

在成吉思汗的领导下，蒙古人拥有一支中亚地区最为强大的军队。作为“全人类”的统治者，成吉思汗将其余部落都纳入到自己的控制之下。紧接着，他又开始将目光投放到蒙古以外的地区。然而，这一次，他并不仅仅只是计划袭击周边的定居文明社会。成吉思汗想要征服并主宰他周围的所有国家。持续不断的攻击，使得其他国家无法聚集足够的力量来对抗蒙古人。战争也给成吉思汗和他的家族带来巨大的财富。

成吉思汗去世之后

1223 年，成吉思汗回到蒙古。他死于 1227 年。遵照成吉思汗的遗愿，蒙古帝国的权力由他第三个儿子窝阔台（1186-1241 年）继承。根据蒙古

征服者的名字

蒙古时代的历史学家用多种语言来书写历史，包括波斯语、汉语、阿拉伯语以及突厥语等。当代欧洲历史学家则使用这些亚洲的语言史料，用不同的方式来翻译蒙古人名。例如，Chinggis Khan（成吉思汗）通常还写作Jingiz、Chingiz、Cinggis以及Genghis等。他的孙子Khubilai Khan（忽必烈汗，1215-1294 年），通常又出现Kubilai、Qubilai以及Kubla等写法，Khan（汗）又经常写作Qa'an或Qan。

相同的问题也出现在地理名称上。例如，蒙古首都Karakorum（哈喇和林），也被拼作Qaraqorum。有时，这会造成解读历史的混乱。

传统，成吉思汗的帝国在他的四个儿子中间进行分配，不过窝阔台的兄弟们都要承认，窝阔台是蒙古帝国的大汗。

窝阔台定都位于今天蒙古国阿尔拜赫雷（Arvayheer，属前杭爱省）北部的哈喇和林，同时他又将军事的注意力集中于华北的金王朝身上。1234年，蒙古最终大获全胜，这意味着东亚最伟大文明的一半都被这些游牧人所控制。几年之后，朝鲜半岛和西藏也被纳入到蒙古帝国的版图内。窝阔台还发起蒙古第一次对南宋领土的攻击，当时南宋王朝控制着中国的南部。

窝阔台还将目光投向西方。他的将领们征服了今天的阿塞拜疆、格鲁吉亚、亚美尼亚，并且迫使今天的土耳其以及伊拉克的君主们向他纳贡（为免遭侵犯或表达臣服而向外国统治者献上大量的财富）。

最终，蒙古军队控制了从俄国伏尔加河一直延伸到匈牙利的西部草原地区。蒙古人驻扎在匈牙利，并以匈牙利为基地，准备进一步向欧洲扩张。然而，这个计划由于1241年底窝阔台的去世而改变。蒙古人才刚刚快速地扫荡到欧洲，就立即抽身离去了，不过他们仍在俄国留下了一支强大的军队。俄国人后来将这个蒙古小帝国称为金帐汗国。

关联

一个持久的称号

突厥语称号“汗”（或者这个语词的其他变体）的意思是“君主”或“国王”。这个语词已在整个中亚地区使用了好几个世纪之久。今天我们用英语写到这个词时，通常是指蒙古伟大的统治者成吉思汗和忽必烈汗。

不过，有一位现代统治者也使用了这个称号。阿迦汗（Aga Khan，生于1936年），他是伊斯兰教什叶派亦思马因派尼扎尔支派的宗教领袖。现在的阿迦汗是拥有这个称号的第49代领袖。一个名为“阿迦汗发展网络”的慈善组织，在许多伊斯兰人口占主要地位的国家开展活动。巴基斯坦是阿迦汗大学所在地。“汗”已成为巴基斯坦和印度的一个普通姓氏。

忽必烈汗的崛起

窝阔台死后，成吉思汗的三个孙子，以大汗的身份依次掌权。其中的第二位统治者——蒙哥汗（死于1259年），将蒙古的势力延伸至西南亚，也就是现在的伊朗和伊拉克。蒙哥还准备向南宋王朝发动一场重大的战争，并派遣他的弟弟忽必烈（约1215-1294年）去到与南宋接壤的边界地区作战。

1259年蒙哥死后，忽必烈被选为下一任大汗。当蒙哥和忽必烈将注意力集中于中国时，他们家族的成员也正在西亚地区展开进攻。蒙哥的弟弟旭烈兀（约1217-1265年）率领一支军队进入中东，将蒙古帝国的边界推进到我们今天所称的叙利亚和以色列地区。旭烈兀同时还将目光投向了埃及，不过在他准备大举入侵之前，蒙哥去世了。旭烈兀不得不先将大部分军队调回波斯地区，然后再回撤到蒙古，以竞争下一任大汗。正是由于蒙古帝国内部的这次政治变化，终止了蒙古对东欧的进一步侵犯。从此之后，蒙古人再也没能突破到中东以外的地区。

在忽必烈的领导下，蒙古帝国的版图达到最大规模。1279年，蒙古人最终击败南宋，忽必烈由此完全控制了中国，这是时隔数个世纪之后，中国又一次由一位统治者所重新统一。

正如成吉思汗和其他大汗一样，忽必烈拥有的大汗称号意味着他统治着整个蒙古帝国。然而，忽必烈直接控制的只有中国，以及围绕在它周边的东亚地区。成吉思汗家族的其他成员，则统治着蒙古帝国的西部地区。

在中国，忽必烈建立了我们所熟知的元王朝。他的家族在中国的统治，一直延续到1368年。正是由于征服，忽必烈搜集了大量的财富，建造了一座无与伦比的都城"汗八里"——即今天中国的首都北京。一位非常有名的旅行家曾到访过这座都城，他就是意大利商人马可·波罗（1254-1324年）。

关联

从斡耳朵到游牧部落

英文"horde"（游牧部落）是指一群中亚游牧民。它也可以指一大群人，特别是有潜在威胁性的人群。"horde"来源于突厥-蒙古语词"ordu"（斡耳朵），的意思是"宫帐"，由游牧统治者所居住。统治者由侍卫环护，侍卫通常有一万人。

四大汗国

忽必烈统治汗八里时，他的家族成员们也在其他三个小帝国内扩张他们的统治，这三个小帝国在成吉思汗去世之后就已经发展起来了。这些小帝国被称作汗国。察合台汗国位于中国的西部，它是用成吉思汗的儿子察合台（约 1185-1242 年）的名字来命名的。统治那块地区的蒙古人，有时也称其为“察合台禹儿惕”。这个汗国包括河中地区，它位于中亚腹地阿姆河的西南面。

马可·波罗

比马可·波罗更早到达蒙古的其他欧洲人曾写过他们的历险记。然而，由于《马可·波罗行纪》是 13 世纪描写亚洲的最为有名的著作，直到现在仍被西方世界广泛认可。马可·波罗与他的父亲和叔叔一起，于 1271 年离开威尼斯前往中国。马可·波罗游历整个大蒙古帝国，并在那里生活了 20 多年。他甚至还在忽必烈汗庭服务过一段时间。马可·波罗的游记传遍了欧洲。许多人怀疑他的故事，因为他所描写的关于中国文化和战争的一些细节并不准确。

少数当代历史学家甚至宣称马可·波罗根本未到过中国。他们认为马可·波罗可以从阿拉伯和波斯商人那里搜集关于忽必烈和中国的一些情况。然而，大多数学者认为马可·波罗确曾游历了中国。无论他到过中国与否，他的著作确实激发了其他的欧洲人去游历中国和东亚其他地区。例如，哥伦布（1451-1506 年）就有一部马可·波罗著作的副本。1492 年，当哥伦布开始他的伟大航行时，他希望自己能够抵达东亚，就像马可·波罗曾经经历过的那样。

察合台汗国的北面是金帐汗国。这个汗国的东部，则与忽必烈统治的中国接壤。金帐汗国横穿俄国中部，包括莫斯科和基辅两座城市。拔都（死于 1255 年）的后人统治着这个地区，他们生活在草原上，向居住在城镇里的俄国王公们收取贡赋。

四大汗国中的第四个小帝国是伊利汗国，它由旭烈兀所建立，位于波斯地区。“伊利汗”这个称号的意思是“小王”，这种含义表明，大汗仍旧控制着整个帝国。统治伊利汗国的蒙古人，又称它为“伊利禹儿惕”。伊利汗国起初定都于大不里士，属于今天的伊朗。旭烈兀的后人完者都（约 1280–1316 年）后来又将首都迁至孙丹尼牙附近。

东方的衰弱，西方的新帝国

14 世纪中叶至晚期，蒙古帝国发生了许多的变化。忽必烈的孙子铁穆耳·完泽笃（约 1276–1307 年）是对整个蒙古帝国都具有权威的最后一位大汗。小汗国越来越倾向独立。只有伊利汗国仍承认忽必烈与其儿子的权威。到 1340 年代时，忽必烈的后人已丧失了权力，蒙古帝国的土地已分由一系列当地的统治者进行统治——阿拉伯人、突厥人、波斯人及蒙古人。察合台汗国的一些地区，也逐渐转由当地人所统治。金帐汗国则于 1360 年陷入混乱。1380 年，俄国人在库利科沃战役中取得了胜利，这意味着俄国人也正在聚集力量。

14 世纪晚期，源于察合台汗国的一个新帝国崛起了。这个帝国背后的推动力是帖木儿，一位来自蒙古巴鲁剌思部的操突厥语的穆斯林蒙古人。他迎娶了一位成吉思汗后裔的公主，并利用这一婚姻关系，宣称自己是值得信任的大汗首选继承人。如同成吉思汗一样，帖木儿也是一位骁勇之士，他能取信于人，将他人吸收进自己的军队中。帖木儿从未接受“汗”的称号，但他试

▲这幅图画表现的是欧洲人想象中的王位上的忽必烈汗形象。蒙古帝国的版图，在忽必烈汗的统治下达到巅峰。

图复制成吉思汗军事上的成功，并建立他自己的“蒙古”帝国。

从河中本部开始，帖木儿将其统治扩张到前伊利汗国的绝大部分地区，以及察合台汗国的西半部。他所统治的地域包括今天的伊朗、伊拉克、乌兹别克斯坦、土库曼斯坦以及阿富汗的部分地区。他的军队与金帐汗国、印度的军队以及生活于今天土耳其的奥斯曼突厥人，都曾交战过。帖木儿建立了一个新的王朝——帖木儿帝国。这个帝国一直延续到 1507 年。

帖木儿帝国的影响延伸至印度北部，那里正是莫卧儿帝国的兴起之地。印度人认为，莫卧儿人是察合台的后裔（“莫卧儿人”是“蒙古人”的波斯语词）。事实上，莫卧儿王朝的建立者巴布尔（1483-1530 年），尽管他与成吉思汗家族有渊源，但他多半是突厥人。巴布尔之后的莫卧儿统治者，来自不同的民族，包括波斯人和印度人。然而，即便莫卧儿人受到了蒙古文化的影响，并且莫卧儿王朝统治下的人们虽对帖木儿和更早期蒙古汗的统治仍记忆犹新，但他们也并没有遵循传统的蒙古文化。莫卧儿人在北印度的统治，一直持续到 19 世纪初期。

蒙古帝国的影响

蒙古人的崛起，意味着游牧文明与定居文明之间最后一次大规模冲突的到来。蒙古人虽迅速取得了战争的胜利，但随着时间的流逝，游牧人却竞争不过定居社会所创造的财富和知识。新的作战方式给定居社会的军队带来了新的作战手段，它可以击败马背上的弓箭手。在蒙古帝国的许多地区，被蒙古人所征服的人们最终获得了力量，起而反抗蒙古人的统治。蒙古统治阶层内部的争执则引发分裂，并且由于缺乏合作，它最终导致了蒙古扩张的终结。

然而，蒙古人建立这个庞大世界性帝国的速度，是亘古以来所未有的。他们将欧亚大陆整合在一个真正的国际贸易体系中，同时它又促发了各种新的交流方式。当因宗教信仰差异而常常引致战争的时候，蒙古人又向我们展现出宗教宽容的价值。蒙古人把从被征服者那里学习所得的文化和知识，带到帝国的各个地区。他们促成了不同文化，在世界大范围内的传播。

今天生活于西方的人们，或许不能理解蒙古人给历史所带来的影响。蒙古人并没有像希腊人或罗马人那样，塑造了当代西方世界的语言和文学。他们也不像阿拉伯人那样，创造出一种至今仍繁荣于世界大部分地区的文化。然而，正如本书将要展示的那样，蒙古人确实与当今世界的形成有很多的关联。例如，蒙古人的统治有助于俄国和中国的国家统一——它们都是当今世界上最为强大的国家。没有人能否认成吉思汗及其家族，在塑造世界历史中所扮演的重要角色。

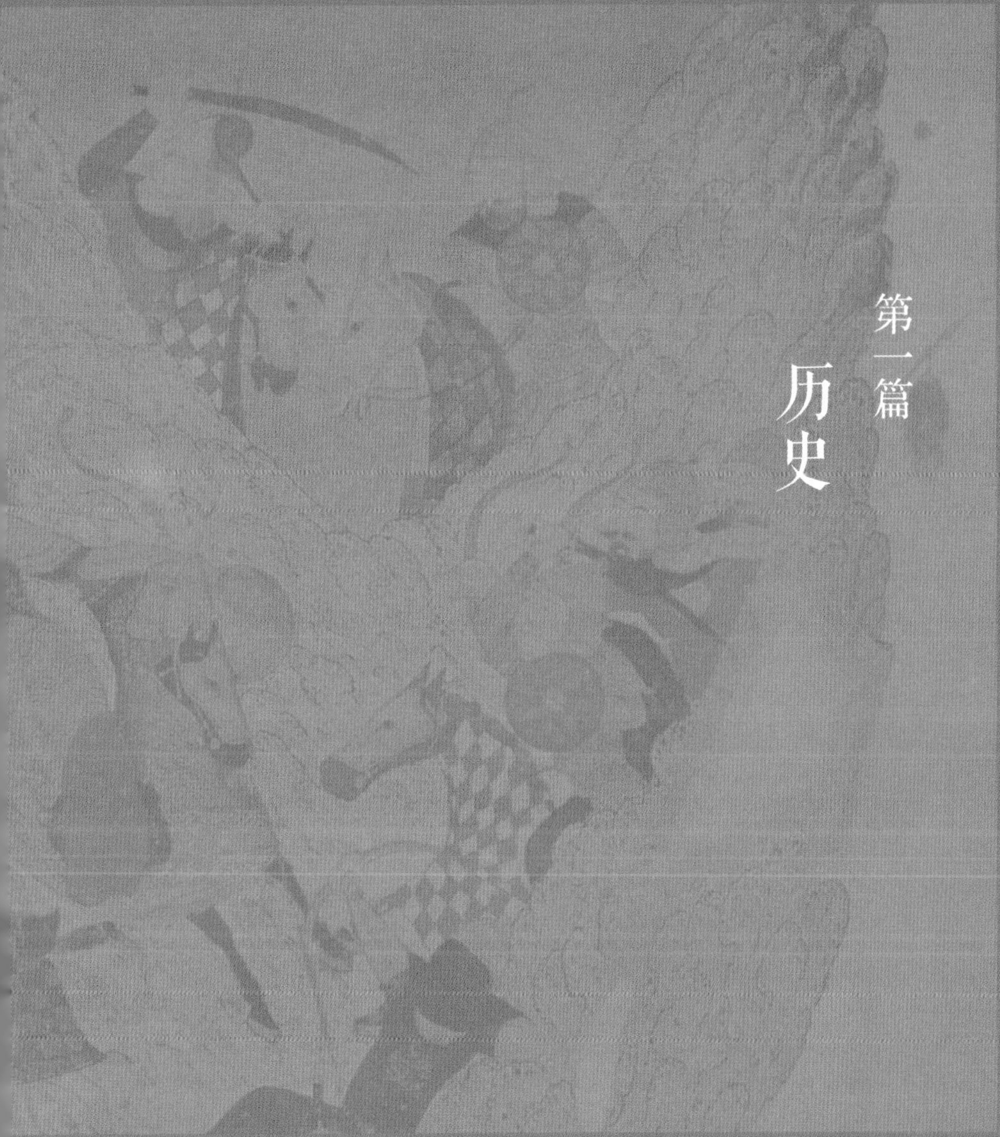

第一篇 历史

蒙古帝国的兴起

蒙古帝国的形成

诸汗国最后的岁月

第一章 蒙古帝国的兴起

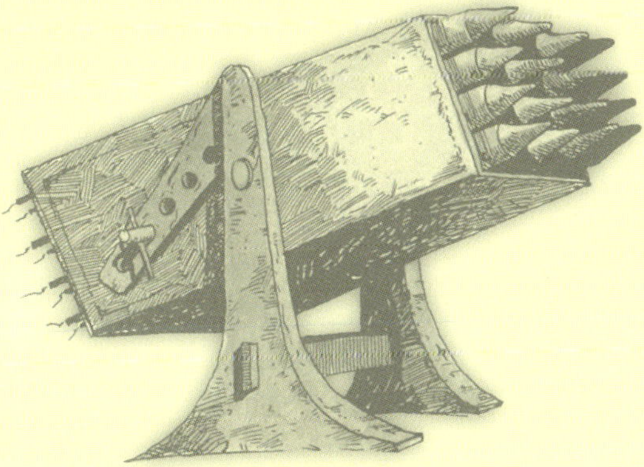

▲这是1397年的一幅插图，来源于一首描写成吉思汗（图片右侧中间者）与汉人作战场景的波斯小诗。中国于1279年由蒙古人所统一。

蒙古人的传统故地位于中亚草原的东部。它西及阿尔泰山和天山山脉，北至西伯利亚森林地区，南界戈壁荒漠，东临大兴安岭。虽有数条河流贯穿蒙古地区，但它没有连接一起的主要水道，无法直通海洋。

草原地区海拔在1600米以上，气候严酷，夏日短暂，冬天极寒。13世纪的意大利教士卡尔平尼（约1180-1252年），他是《我们称之为鞑靼的蒙古人的历史》一书的作者，描写了1245年至1247年觐见贵由汗（死于1248年）的旅程中他所遭遇的各种天气。他描写道："由于风力太大，我们不得不匍匐于地上，风沙蔽日，几乎目不能视。"冰雹和肆虐的雷雨是家常便饭。

气候、沙质土壤，加上缺乏稳定的水源，这对于草原上的人们而言，要进行农业耕种是十分困难的。他们依靠放牧维持生计，获得衣食。蒙古人与其邻近的游牧民，随着牧群在夏营地和冬营地之间迁徙。当畜牧和狩猎无法满足他们的生活需求时，他们就与居住在草原边境上的汉人以及中亚的城市居民进行贸易。

▲ 经历数个世纪、数位可汗的统治，广阔的蒙古大草原仍旧是游牧民众的故土。

早期的草原帝国

在蒙古崛起之前，其他的草原民众在中亚地区也曾建立过他们自己的帝国。6 至 7 世纪时，突厥人控制了这片区域的大部分。突厥人称他们的首领为“可汗”，这一称号后来演变成“汗”。

根据《蒙古征服史》的作者、历史学家约翰·约瑟夫·桑德斯的研究，突厥人作为最早一批“野蛮”游牧人，因其在草原上建立了一个统一的帝国而闻名于世。“野蛮人”是指那些不文明和未开化的一拨人群。对于定居世界的人们来说，游牧人被视为“野蛮人”，因为他们缺乏教育，没有正式的政府，也缺乏优秀的艺术。

桑德斯认为，突厥人是“创建这样一个王国的早期‘野蛮人’，这个王国在各个不同的方面，都如此全面地达到了当时四大文明社会——中国、印度、波斯和拜占庭（拜占庭是前罗马帝国东半部的延续）——的发展程度”。蒙古人于不久之后，又重演了这一壮举，并且蒙古帝国边界的扩展，又远远超过了早期的大突厥帝国。

在 8 世纪中叶突厥帝国瓦解之后，一支被称为回鹘的突厥语人群脱颖而出，成为当时最为主要的势力。他们的都城位于后来蒙古帝国首都哈喇和林的附近。回鹘人后来也塑造了蒙古文化：回鹘字母被用于拼写蒙古语，回鹘人所发展出的政治结构也为蒙古人所复制。

蒙古诸部随后又处于契丹人的控制之下，他们于 10 世纪初期得势。契丹人也是游牧人，操一种近似于蒙古语的语言。契丹人由北而来，也曾占领过中原部分地区，同时他们也将一些具有汉文化因素的东西引介给蒙古人。

1115 年，一个叫女真的部落起兵叛乱，反抗契丹人。女真人生活于中国东北，满洲人是他们的一支。女真人是农耕民，像汉人一样，不过他们也骑马和牧畜，又如同蒙古人那样。他们的语言也同样深受蒙古人的影响。叛乱持续数年之久，大约于 1120 年，契丹人被女真人击败。作为北部中国新的统治者，女真人建立了金王朝。当女真人推翻契丹的统治时，蒙古人也脱离了女真人的控制。蒙古人虽仍然承认女真人是自己的最高统治者，不过蒙古内部各个独立的部落首领，已经开始崛起。

成吉思汗之前的蒙古人

中亚地区虽经历数个世纪的战争，但大部分蒙古人多不与外界交往，仍以放牧为生。蒙古人与其他操蒙古语的人群以及具有突厥种族背景的人一起生活在那里，他们只是其中的一个部落而已。不同的部族之间，通常会互相通婚。这种交互作用，创造出突厥-蒙古文化。这些部落同时也常常受到统治这片区域的外来统治者的影响。

蒙古人可能是从西伯利亚森林地带出发，首先来到蒙古地区。直到12世纪，不同的蒙古氏族（关系密切的家族群体）形成不同的部落，每个部落都由一名杰出的勇士所领导。部落的成员通常有亲缘关系，然而值得注意的是，有一种被称作“安答”的纽带关系，与亲缘关系同样重要。在这种安答关系中，两个没有亲缘关系的人誓言忠诚彼此，并且要像真正具有亲缘关系那般行事。人们还可以选择放弃与自己家族的亲缘关系，去效忠于某位首领。对首领做出这种承诺的人，被称为“那可儿”。

一个被称为塔塔儿的部落，或许是蒙古地区最有影响力的部落，因为塔塔儿人与汉地金王朝的统治者结盟。塔塔儿人是蒙古人的宿敌，这两个部落经常发生冲突。《蒙古秘史》（作者佚名）是唯一所知的记载这个时代历史的蒙古语史料，该书描绘了“蒙古人是如何与塔塔儿人发生了13次战争的”。在其中的一次战斗中，一位名为也速该的蒙古首领，杀死了一位名叫铁木真的塔塔儿人。也速该随后以自己所杀死的敌人的名字，作为自己刚出生孩子的名字。这在当时是一种普遍的习俗。

他们这样说

高大、强壮并且冷酷

13 世纪波斯历史学家术兹札尼（1193–1265 年）曾描述过成吉思汗的外貌样态。成吉思汗是：

> 一个体格高大，气力非凡，身形健壮，脸上毛发稀少并且已呈白色，有双猫一样的眼睛的人；拥有非凡的精力，聪颖并极富洞察力与理解力的人；威严、嗜杀、公正、果断，克敌无数、勇猛无畏……并且残忍的人。

来源：
Saunders, J. J. *The History of the Mongol Conquests*. Philadelphia: University of Pennsylvania Press, 1971.

也速该与儿子铁木真都有蒙古贵族的血统，然而到也速该出生的时候，他们的家族已经中落。铁木真九岁的时候，也速该死了，这让铁木真成为部落的首领。原先追随也速该的那些人，并不愿意听命于一个男孩，所以他们抛弃了铁木真。

铁木真和他的家族，在随后的数年里只能依靠他们自己，几乎无法生存下去。最终，在铁木真 16 岁的时候，他结成了几个重要的同盟。他首先招募到一些效忠于自己的勇士做“那可儿”。铁木真又与脱斡邻勒（死于 1203 年）联合，他是蒙古客列亦惕部的首领。脱斡邻勒与铁木真的父亲曾经互为“安答”。就在这个时候，塔塔儿人又失去了女真金王朝的支持。蒙古人和客列亦惕人战胜了塔塔儿人。

最终，铁木真的军队也击败了其他蒙古诸部。1206 年，蒙古诸部首领召开了一场称为“忽里台”的会议。蒙古诸部首领们推举铁木真为最高领袖，并授予他“成吉思汗”的称号。

成吉思汗登上汗位是蒙古帝国的一个转折点。大汗拥有的个性和外形，都让追随者们心生敬畏。成吉思汗将同伴间的忠诚以及士兵服从命令，放置在十分重要的地位上。然而，他也会听从那些围绕在他身边的谋士们的各种建议和批评。这种强强联合聚于一体的情形，有助于解释成吉思汗是如何带领他的帝国成为世界上最为伟大的帝国的。

成吉思汗的首次出征

成吉思汗决定派兵征服邻近地区。他相信自己是受蒙古神灵——长生天（蒙语为帖卜·腾格里）的选派，去征服世界的。蒙古人相信有很多神灵的存在，主宰牧群，护佑狩猎成功，以及保佑几乎涵盖他们生活的其他所有方面。不过，统治的权力却是由长生天所赋予的。他们相信天上和地上都只有一个统治者，而成吉思汗就是地上唯一的统治者。

成吉思汗的军事行动也有出于政治的原因。成吉思汗坚持要求邻国统治者移交所有脱离蒙古控制的逃难人员，如果邻国庇护这些逃难人员，就会被视为敌对的国家。同时，他也需要去征服近邻，以增强他的财富和权势。如果没有足够的财富和实力，那些支持他的蒙古诸部族，就不会继续保持忠诚。

部落世仇的根源

蒙古人和塔塔儿人之间的矛盾，在俺巴孩（12世纪）为蒙古人可汗的时候，就已逐渐加剧。俺巴孩希望通过他的女儿与塔塔儿的一位首领通婚的方式，来改善他们之间的关系。然而，另一支塔塔儿氏族在俺巴孩护送女儿出嫁时，却将他绑架了。

塔塔儿人将俺巴孩作为俘虏交给了金王朝的统治者，而金王朝统治者杀掉了他。根据《蒙古秘史》的记载，俺巴孩死前给他的部众留下遗言："当今之际，汝等纵令弯弓秃尽汝等之五指之甲，磨尽汝等手之十指，亦当誓报此仇！"

成吉思汗于1209年发动第一次进攻。蒙古人侵入西夏。西夏位于今天中国的西北，戈壁沙漠的南部。很可能是来自吐蕃（西藏）的党项人，统治着西夏帝国，这个帝国也一度曾是中国的一部分。面对一支优于自己的军队，党项统治者很快便同意向成吉思汗纳贡称臣。由于西夏为蒙古所吞并，成吉思汗由此控制了丝绸之路上的一个重要枢纽，这条丝绸之路正是横跨整个亚洲的一条主要贸易路线。当蒙古人在东方进攻他们的主要对手金王朝的时候，成吉思汗同时也拥有了一条供其军队西进的路线。

1211年，蒙古人开始入侵华北地区。起初蒙古人仅仅满足于劫掠（抢夺物资）金朝城镇，并且很快就又回撤。不过，他们最终还是控制了对手们的领土。1215年，蒙古人占领金朝北部都城——燕京（位于今天的北京），迫使金朝统治者南逃。尽管遭受这种失败，金王朝仍继续抵抗，与蒙古人的这场战争又拖了19年才结束。

在广阔无垠的草原上，蒙古人所向披靡。他们能骑马奔驰数日，还能在飞奔的马上射箭。凭借着速度和纪律，他们常常使得对手措手不及。

蒙古军队分成由10 000名士兵所组成的分队，这被称作“土绵”[①]。每个万户又分成10个由1000名士兵组成的“敏罕”[②]。每个敏罕又有10个分队，被称作“札温”[③]，由100人组成。成吉思汗常常让各万户分开行军，然

关联

包抄敌军

蒙古军队的一个关键军事策略就是包抄，即从敌人的两侧，而不是正面进攻。蒙古人骑兵的快速移动能力和诱敌深入的能力，使得这种战术得以展开。当他们往一个阵地进行包抄时，各军事单元之间就用旗帜和火把进行信息沟通。

直到现代，全世界的将领们都在研究学习并且模仿成吉思汗以及其他伟大的蒙古将领们的这些战术策略。所不同的是，现代的军事将领是用坦克和其他机动车辆取代了战马。

① 即万户。——译者注
② 即千户。——译者注
③ 即百户。——译者注

▲利用被俘获的汉人工匠技术，蒙古勇士建造了用于战争的装置，犹如早期的火箭发射装置。

后又在适当的时间和地点，娴熟地将各个万户聚拢到一起，投入战斗。

蒙古人又是十分地机敏。他们常常佯装从某个方向进攻，然而他们的主力部队却往往从另一个方向发起攻击。成吉思汗也会让自己的人马佯装撤退，以诱敌深入。后撤的部队将敌人引入蒙古人的埋伏阵地，将敌人轻易地击溃。

蒙古人习惯于骑兵战术，然而在拥挤的城镇，这种战术就发挥不了效力。因此，在汉地，他们不得不采用新的作战方式。他们学会了围城战术。围城则意味着切断一座城市与外界的联系，因此这座城市就无法获得食物和新兵员的补充。

利用被俘获的汉人工匠的技术，蒙古人建造了攻城武器——

这些巨大的装置，能攻城破墙，还能跨越城墙或其他的军事要塞。这些武器包括了各种不同类型的抛石机，这种大型的武器装置，可以将石块以及正在燃烧或爆炸的物品，扔过高高的城墙。

使用攻城武器破坏城市防御之后，蒙古人就试图逼迫城镇居民投降。在接下来的数十年间，蒙古人将骑兵进攻和围城战，结合在一起。蒙古人采用围城战术，这是他们不同于以往其他游牧帝国的原因，也是蒙古人得以如此强大的一个重要原因。

西征

1218 年，成吉思汗将注意力转向哈喇契丹，它位于阿尔泰山以西。一位溃败的部落首领名叫屈出律（死于 1218 年），他在成吉思汗掌权后从蒙古出逃。屈出律试图控制哈喇契丹，成吉思汗也担忧他可能在那里组建军队，威胁蒙古人。

一支大约由两万人组成的蒙古军队侵入哈喇契丹。当地民众欢迎蒙古人的到来，因为屈出律杀害了一位当地的君王，并且限制当地的伊斯兰教活动，而伊斯兰教是这个地区主要的宗教信仰。哈喇契丹很快就被蒙古人攻陷。

逐渐强大的蒙古帝国此时已经将边境扩展到花剌子模，这个穆斯林帝国从里海一直延伸到河中地区，南至今天的阿富汗地区。花剌子模的统治者是算端摩诃末，他也被称作花剌子模沙（死于 1220 年）。1218 年，摩诃末拒绝惩罚一位屠杀了数百名蒙古商人的花剌子模地方统治者。这位地方统治者认为，蒙古商队的贸易考察团里混有间谍。这种判断是非常接近事实的，因为成吉思汗确实想了解邻国的军事实力和他们的弱点。这场屠杀中幸存下来的一位蒙古人，逃回到蒙古，并将这些情报报告给了成吉思汗。

怒不可遏的大汗，随即向算端摩诃末派去了三名使臣，要求他严惩下令屠杀商队的那位地方统治者。花剌子模算端摩诃末不但拒绝了这一要求，而且还处死了其中一位使臣。成吉思汗宣称“花剌子模沙不是什么君主，只不过是一介强盗”——一位亡命之徒（引自Paul Ratchnevsky著*Genghis Khan: His Life and Legacy*）。大汗随即整顿军马，准备他西征的第一场重大战事。

到1219年的春天，成吉思汗已经组织了一支大约有20万名士兵所组成的军队。他的军队中包含有畏兀儿人和来自哈喇契丹的葛逻禄人。这支军队主要分成三翼。

花剌子模人拥有一支更庞大的军队，这支军队由穆斯林突厥人和波斯人组成。然而，算端摩诃末却并不想在战场上正面迎击蒙古人，因为他不知道如何应付这种三翼进攻的威胁。这位花剌子模统治者同时也怀疑自己军队的忠诚。军队大部分是受雇佣的战士，被称作雇佣军，而且这支军队中的突厥人和波斯人相处得也并不和睦。算端摩诃末对这支军队是否能听从自己的命令，抱有很多的怀疑。

为避免正面作战，算端摩诃末将他的军队布置在帝国的各个城市里，不过这样却反而成为蒙古人易于攻击的目标。成吉思汗和他的小儿子拖雷（1193-1233年），在进攻都城撒马尔罕之前，先袭击了另一个重要城市布哈拉。

在这场或许是历史上最为惨烈的战役中，蒙

河中

在蒙古时代，河中地区是许多战役发生的地方。这个地区的名称源自阿姆河。“河中”一词意为“越出阿姆河”。阿姆河源于兴都库什山脉，这条山脉位于今天中国、印度、塔吉克斯坦和阿富汗的接壤地带。河中所包括的这块区域，在地处中亚腹地的这条河流的西面和北面。这个地区的许多河流不仅灌溉农业，也给几个重要城市带来发展，例如位于今天乌兹别克斯坦境内的撒马尔罕和布哈拉。

古人屠杀了成千上万的花剌子模士兵和平民。当时的历史学家们以百万计来统计死亡人数。阿拉伯历史学家伊本·阿·阿特尔（1160–1233年）写道（引自David Morgan著*The Mongols*）：“像这样一种巨大的灾难此前从未发生过……它也很可能是前无古人后无来者……世上应该不会再有如此巨大的灾难发生了。”

大多数当代历史学家们都怀疑，这个传统史料中记载的高死亡人数统计。然而，没有人否认征服花剌子模的残酷野蛮。在每座城市，蒙古人搜刮了所有他们能找到的值钱的物品，他们毁坏城墙，并屠杀成千上万的花剌子模士兵。在布哈拉，成吉思汗对民众说（引自James Chambers著*The Devil's Horsemen*）：“这是你们的统治者所犯下的罪行，我是上天派来惩罚你们的。”

1221年，两位蒙古将领，哲别（死于约1225年）与速不台（1176–1248年），追击逃亡的算端摩诃末的儿子。这两位将领虽未能抓获他，但却探察到了俄国草原的部分地区。蒙古人一路向北进发，穿越格鲁吉亚，进入俄国，途中经过亚速海以及伏尔加河。哲别与速不台最终与蒙古大军主力，在位于花剌子模东部边缘的锡尔河沿岸地区会合。直到1223年，成吉思汗最终征服花剌子模，随后不紧不慢地返回蒙古本土。

偷袭战术

当成吉思汗俘获敌人的时候，他就将俘虏伪装成蒙古人，在下一次战役中，把他们聚集在蒙古的旗帜之下，行军时置于蒙古军队的前方。这种战术使得蒙古军队的人数，看起来比实际的更多。敌军陷入这种圈套，花费时间和精力与这些俘虏作战，而不是去对付蒙古人本身。然而，蒙古人也不会把全部俘虏都用于这种战术。他们允许一些俘虏赎身获得自由，熟练的工匠则常常为军队服务而得以存活下来，或是被撵送到蒙古。

第二任大汗

1226年，由于西夏党项人不断反抗蒙古的统治，成吉思汗对其发动了第二次攻击。尽管战争取得了胜利，但成吉思汗却于1227年去世。他被安葬在斡难河和克伦鲁河附近的一个秘密地点。

两年之后，蒙古各部首领推举成吉思汗的第三个儿子窝阔台为新大汗。窝阔台的兄弟和侄子们（窝阔台已故兄长术赤的儿子）都获得分地，蒙古人将他们所控制的领地称为“兀鲁思”。拖雷获得传统的蒙古故地。察合台控制中亚河中及其邻近地区。术赤的儿子们，斡尔答和拔都则获得南俄草原地区，尽管这一区域的西部尚未处于蒙古的控制之下。在成吉思汗看来，长生天赋予他和他的家族控制整个世界的使命。他们统治全世界，仅仅只是个时间问题。

窝阔台作为大汗，拥有权力掌管帝国的其他地区，除此之外，他也拥有自己的兀鲁思，包括中国和俄国部分地区。成吉思汗的兄弟们，也分得一些小的兀鲁思，这些兀鲁思位于蒙古帝国的东北角。

在1229年的一次忽里台上，窝阔台正式被确认为第二任大汗。两年间，窝阔台将军事力量主要集中于汉地的金王朝身上。根据《蒙古秘史》的记载，蒙古人“季节性地袭击金国的城镇”，并劫掠金国的“金银器、饰金和有图案的绸缎、财产、阿剌思（马匹）和小奴隶”。至1234年，曾由金王

皇家荣誉

成吉思汗死后，为了纪念他，蒙古人杀了40名女奴和40匹马，埋在他墓地的附近。蒙古勇士下葬时通常与他们的马匹葬在一起，这显示出马匹对于他们而言是如何的重要。成吉思汗生前要求将他的葬地保密。传说凡是看到他葬礼的人全都被杀掉，以使成吉思汗的墓地永远不会被泄露出去。

朝统治的这片土地，完全被蒙古人所控制。

帝国的扩张

1235年，窝阔台召集家族成员和那可儿们，在蒙古新都城哈喇和林举行一场会议。蒙古人准备开辟几条战线。在西南方向，察合台试图加强蒙古对这片土地的统治，差不多15年前，成吉思汗曾征服过这里。在东方，窝阔台则意欲将帝国的边界扩展至南宋王朝所控制的领地。速不台将军则支持拔都征服俄国的提议，这项提议使得蒙古人终于涉足欧洲。

进军南俄草原是蒙古人下一步的主要军事行动。拔都与速不台统领这次出征，不过大部分战术策略则由速不台提出。从1236年春开始，拔都在窝阔台的支持下，整饬军马。指挥将领由成吉思汗的几个孙子担任，包括拔都的弟弟别儿哥（死于1266年）、窝阔台的长子贵由（约1206–1248年）以及拖雷的长子蒙哥。这支军队大约由15万士兵组成，它包括蒙古人、突厥人以及帝国境内的其他诸色臣民。汉人和波斯的工匠建造了攻城的利器以及其他各种武器。

蒙古人的首要攻击目标，是居住于伏尔加河沿岸的民众。速不台的军队摧毁了不里阿耳，而蒙哥则在攻击钦察游牧人群。钦察人是生活于哈萨克斯坦至罗马尼亚草原上的突厥语人群。当蒙古人擒获钦察统治者时，这位统治者却拒绝向蒙哥俯首称臣。蒙哥随即下令将这位钦察统治者枭首示众。

由拔都及其金帐汗国所掌控的这片领地，有时也被称为钦察汗国。（金帐汗国是一个俄语词汇，用来指称蒙古入侵俄国之后所建立的位于帝国西部的蒙古汗国。）拔都将他的军队驻扎在钦察人以前的故土之上。在那里，他修建了都城萨莱，这个城市靠近今天俄国的列宁斯克。

在俄国，蒙古人挑战了一些由俄国王公所控制的小公国。第一个被攻破的公国是梁赞公国。在梁赞城内，蒙古人异常残忍。他们将一个王公的四肢砍下，用枪矛去戳那些绑在大木桩上的居民的身体，然后听任他们死去。在《蒙古征服史》一书中，作者桑德斯引述了一位俄国作家的描写，这位作家描述了发生在靠近科洛姆纳地方同样残暴的行为，那里“甚至没有一只能够睁开的眼睛，来为死者哭泣”。蒙古人希望有关他们的残暴故事，能在俄国的其他公国散布开来，这样其他的公国就会不战而降。

然而，仍有部分公国的王公，准备与蒙古人抗战到底。其中重要的公国如苏兹达尔、弗拉基米尔和基辅等就进行了抵抗。不过在蒙古人西征途中，这些公国都被横扫。伴随着蒙古人挺进的脚步，骑在骆驼上鼓手们击打出的节奏、行军中动物发出的鸣叫，以及士兵们的喊叫声，都弥漫在征途的上空。一个很大的问题就是，俄国的王公们没有联合起来，一起对抗比他们更为强大的共同的敌人。这些统治王公们之间，经常为争权夺利，争执不断。即便是面临被击溃的威胁，仍争吵不休。最终在1240年冬天，蒙古人控制了俄国的大部分公国。

在有些地方，蒙古人彻底摧毁了城市，消灭了居民。普兰诺·卡尔平尼在有关蒙古人的叙述中记录到，在蒙古人侵几年之后，他途经基辅时，发现这座城市“几乎什么都荡然无存”。这位牧师也描述了他的见闻：“尸骨盈野，数不胜数。”然而，部分当代历史学家认为，有些俄国城市躲过了蒙古的侵袭，并在蒙古人离开后，很快又设法开始重建。

蒙古军队

蒙古人军事上的成功，是多种因素综合的结果。军事将领们继续沿用由成吉思汗征服世界时所发展出的策略，这包括骑兵和攻城战术的使用。他们强行向被征服的民众征兵，以使其军队保持强大。蒙古人还拥有一种文

他们这样说

军队纪律

纪律——服从命令——对于任何一支成功的军队来说都是至关重要的。成吉思汗和他的儿子们对于那些逃避职责的士兵，都会给予严惩。《蒙古秘史》记载了这样一条由窝阔台所颁发的圣旨：

> 应值班者入值，若有误班依照以前圣旨规定，应受杖责三下的教训。应值班者第二次误班，应受杖责七下的教训。若该人身体无病，又未向该班长官请假，而第三次误班，这是该人已不愿为朕效力，应受杖责三十七下的教训，并流放于眼见不到的远方。

在这段话里，译者柯立夫用括号加注的方式阐明了蒙古语的原义。同时，对于有些词汇，他还使用了一些旧式的英语。不过很清楚的是，蒙古人对于那些屡教不改、违反命令的士兵，会施以鞭打之刑并流放。

来源：

Cleaves, Francis Woodman, Editor and Translator. *The Secret History of the Mongols*, Volume 1. Cambridge, Mass.: Harvard University Press, 1982.

化，即重视骑马和箭术（使用弓和箭）——这种技能在狩猎场和战场间，得到很好地转换。

几乎在蒙古孩童能够走路的时候，他们就开始学习骑马。20 岁之后，他们便被寄予希望，要听从可汗的号令，随时出征。到那个时候，他们已经学会了如何在马背上骑射。每一位蒙古士兵随身携带两张弓，大的用于远距离射击，小的则用于近距离射击。每位士兵至少还要携带 60 支箭。使用大弓的话，一位勇士的射程可达到 350 码以上。

蒙古人使用许多种不同的箭，包括一些携有微型投掷弹的箭。虽然蒙古人更倾向于使用弓箭，不过他们有时也会用剑和长矛（这种武器带有一个硬尖，安装在木杆的一端）。

蒙古人也同时使用轻骑兵和重骑兵。轻骑兵通常穿着由皮革制成的轻

➤矛、剑、弓、箭，轻巧的金属铠甲，一副全身的装甲，这是一位蒙古勇士全部的战斗装备。此为一幅中国木刻插图。

巧盔甲，或者什么盔甲也不穿。重骑兵则穿戴皮革与铠甲，铠甲是由金属制成的一套保护性装备。士兵们还要佩戴头盔，轻骑兵所戴的头盔由皮革制成，重骑兵的头盔则由铁制成。每位士兵还要携带由柳条和皮革制成的盾牌。他们还要随身携带装有必需品的鞍囊，鞍囊里包括食物、备用的衣服以及维修武器的器具。

蒙古士兵忠实的伙伴是他们的马匹。远在蒙古人来到中亚以前，草原民众就已驯化野马，并且优选优育，以使它足够强壮，能用于骑乘。中国人大约在公元 400 年的时候，发明了马镫（套在马鞍上供骑乘者摆放双脚），随后它在亚洲草原的民众中间迅速传播开来。正是由于这项简单的革新发明，骑乘者就可从马背上解放出双手，这样在战场上就更易于控制马匹。

蒙古人善于骑兵战，他们的文化也高度重视马匹。每名士兵都配有好几匹马匹轮换，这样他们在长时间的草原行进中，总能有精力充沛的马匹用于换乘。蒙古人经常骑乘阉割过的公马。骑乘母马则被视为没有男子气概。濒临紧急关头，士兵们通常会在马身上划开一道口子，一边骑乘，一边喝马血。这样蒙古人就可保持充沛的体力，而不会浪费任何时间。

关联

普热瓦利斯基马

蒙古人所骑乘的马匹，可能是现在我们所知的唯一一种真正的野马——普热瓦利斯基马的远祖。（生活于美洲西部的野马，事实上是由西班牙人带到美洲的经过驯化的马匹的后裔。）这种马的名称源于 19 世纪俄国探险家尼古拉·米哈依洛维奇·普热瓦利斯基，他在今天靠近蒙古的地区发现了这种马群。

这些野马比现在驯化后的马匹，体型更小。它们曾经栖息于阿尔泰山附近的草原。到 20 世纪的时候，世上幸存唯一所知的普热瓦利斯基马被捕获。然而近些年来，蒙古科研人员也已经在两个蒙古国家公园中又野生放养了这种马匹。

远征欧洲

地理学家（研究地球物理特征的人），通常将乌拉尔山脉作为亚洲和欧洲的分界线。这就意味着随着对俄国的入侵，蒙古人就已将帝国的疆域扩展到了欧洲大陆。然而，西进的脚步并没有停歇。直到 1240 年末，蒙古人准备翻越喀尔巴阡山脉进入匈牙利。拔都和速不台领导了此次进军。同时，成吉思汗的两个孙子拜答儿（生卒年不详）和合丹（生卒年不详），则率偏师进入波兰。

1241 年初，北面的蒙古大军越过封冻的维斯瓦河，开始进攻波兰各城市。这支军队试图将欧洲的军力从匈牙利吸引出来，为速不台的进攻扫除障碍。拜答儿横扫克拉科夫，这里后来作为波兰的首都。居民们已经逃离这座城市，蒙古人则焚毁了它。蒙古人在波兰境内继续前行，跨越奥德河，远至利格尼茨城。在这座城外的战斗中，蒙古人将战败敌军将士们的耳朵割下，足足装了九袋。在此之后，拜答儿和合丹掉头向南进发，与匈牙利境内的蒙古主力军会合。

1241 年四月，蒙古人包围了匈牙利军队，从四个方位发动进攻。他们很快就到达了布达和佩斯两个城镇（今天这两个城镇已合而为一，即布达佩斯，这座城市位于多瑙河畔，成为今天匈牙利的首都）。蒙古人随后又派出一支先遣部队进入奥地利，并派出一支万户军队到现在克罗地亚的首都萨格

大围猎

成吉思汗延续了基于围猎来整训军队的游牧传统。在“大围猎”期间，成千上万的士兵骑马纵横在一定区域里，将动物从它们的藏身之所驱赶出来。一部分士兵则要骑马提前到达事先标记好的地方。然后，他们再往回朝大部队和动物待着的方向奔去，最后形成一个包围圈将动物紧紧围住。

狩猎的对象包括狼、野猪和老虎。一旦将动物完全包围，士兵们就展开猎杀，用作行军的食物。

勒布。

远在西欧的统治者们，担心他们会成为蒙古人的下一个目标。直到1241年末，欧洲人才听闻蒙古人极端残暴的传闻。这些传闻有些夸大其词，有些则并不真实——例如，蒙古士兵会吃已死敌人的肉——不过，实际情形其实也好不了多少。

然而，蒙古人并未更进一步深入到欧洲。1242年初，拔都得知窝阔台已经去世。大汗家族成员和其他重要的蒙古首领，不得不返回哈喇和林，推选下任大汗。拔都将他的部队屯驻在匈牙利，并开始长途跋涉返回蒙古本土，以参加忽里台，推选下一任大汗。

蒙古人当时回撤还有其他原因。中欧缺乏牧场喂养马匹，与此同时，成吉思汗的后裔们正争执不休。他们没有统一的共识。此前，他们的一个主要目标早已达成。当时，匈牙利国王贝拉（1206-1270年）因为庇护库蛮人而激怒了蒙古人，库蛮人曾于1220年代被蒙古人击败。贝拉被击败，蒙古人在欧洲的任务也就随之结束。

无论出于何种原因，欧洲人是十分乐意看到蒙古人的撤离。蒙古人对东欧与中欧的威胁基本结束，他们再也没有在那发动大规模的入侵了。

关联

入侵克拉科夫

依照波兰的传说，1241年3月24日，一名波兰瞭望员在克拉科夫镇市政大厅的塔上被一支蒙古弓箭射杀，当时他正吹响喇叭发出蒙古人到来的警报。

直至今天，克拉科夫仍在纪念这一事件。每个小时都会有一位号兵站在圣玛丽教堂的最高塔上，吹出中世纪用于报警的那种简单的旋律。他会朝东、南、西、北四个方向共吹四次。每次曲调都会戛然而止，如同3月24日那天那位瞭望员所吹的那样。自1927年以来，这种喇叭鸣声每天中午都会在波兰电台播放。

黄金家族的内部动荡

成吉思汗的子孙们花了四年的时间来推选下任大汗。在这段时间里，窝阔台的妻子脱列哥那（大约死于1246年）作为摄政者，或者说作为暂时的领导者。这是一种蒙古旧有的传统。窝阔台希望他的孙子失烈门（大约死于1251年）继承汗位。不过，窝阔台的妻子则更青睐儿子贵由。尽管拔都反对，脱列哥那仍推举她自己的儿子。在俄国战役中，拔都与贵由之间曾发生过争执。

1246年，卡尔平尼抵达哈喇和林，此时贵由刚好被选为新的大汗。这位意大利教士记录了蒙古诸王和来自其他国家的使臣们，是如何在那里向贵由致敬与献礼。卡尔平尼写道："有这么一位地方长官，他给贵由汗进献了很多匹骆驼……许多匹战马、骡子……50多辆四轮马车停放在一座山前……装满了金银绸缎，供大汗和诸王贵族们分享。"

庆祝大汗登基后，贵由和拔都这两位同辈间的紧张仍在继续。1247年，新汗贵由准备向拔都的大军进攻。拖雷的妻子唆鲁禾帖尼（死于1252年），将贵由进军的事预先通知了拔都，不过内战始终未打响。在贵由汗发动对拔都进攻前，他就于1248年去世了。

贵由妻子斡兀立·海迷失摄政三年。在这段时间里，唆鲁禾帖尼希望自己的儿子能够掌控大权。她与拔都联合，因为拔都本人并不想成为大汗。1251年，唆鲁禾帖尼与拔都不谋而合，他们说服蒙古诸王推选她的儿子蒙哥为下任蒙古大汗。在接下来的一个世纪里，所有的大汗都来自成吉思汗家族拖雷系。

然而，黄金家族的动荡仍未结束。蒙哥是在蒙古本土以外召开的忽里台上被选为大汗的。窝阔台和察合台家族声称选举无效，因为这次选汗大会并不是在蒙古故地举行。这两个家族于是同蒙哥及其拥护者，为争夺权力发动了战争。蒙哥赢得了这场权力斗争的胜利，并处死了许多支持窝阔台和察合台家族的军事将领。窝阔台的孙子失烈门，也因为鼓动叛乱而被处死。成吉思汗家族不同支系间的紧张对峙，持续了数十年。

重返波斯

蒙哥的首要目标，就是要加强和扩大蒙古帝国对西南亚地区伊斯兰国家的控制。他的弟弟旭烈兀指挥一支蒙古主力西征。与往常一样，这支军队包括了其他一些非蒙古人在内，如汉人工匠，以及制造较粗糙的燃烧投掷弹的武器专家。这类武器能发射出一种叫作石脑油的化学物质，这种化学物质能点燃并焚毁所接触到的一切物体。到这个时期，蒙古人也开始使用由火药来点燃发射的箭筒。这是另一项从汉人那里学到的技术，这是迈向现代火箭之路最早的一步。

1256 年，旭烈兀的军队越过阿姆河。他的首要目标是亦思马因派的城堡，部分城堡位于今天的伊朗和阿富汗。亦思马因派是极端什叶派。什叶派是伊斯兰两大教派之一，另一派是逊尼派。亦思马因派遵从他们自己的什叶派信仰。逊尼派则认为亦思马因派偏离主流信仰，宣称他们应该消亡。亦思马因派则相信暗杀是他们反抗这种统治的一种合法途径。

这样一来，其他的穆斯林则害怕亦思马因派。有史料记载显示，一位穆斯林宗教领袖，其实曾请求过蒙古人攻击亦思马因派教徒。一位到访过蒙古本土的基督教传教士威廉·鲁布鲁克（约 1210–约 1270 年）认为，1256 年旭烈兀的进攻，是由于亦思马因派密谋刺杀大汗失败之后而引发的。

亦思马因派人教主，即宗教领袖，是一位名叫卢肯艾丁（约死于 1257 年）的年轻人。因为害怕蒙古的军事力量，他在短暂围城后即向旭烈兀投降。他还劝服其他亦思马因派教徒放弃抵抗。卢肯艾丁乞求旭烈兀赦免自己，并要求觐见蒙哥汗。旭烈兀最终同意了他的请求。不过蒙哥汗却拒绝卢肯艾丁的觐见，蒙古卫士将他和他的家人全部杀死。

向西推进

旭烈兀的军队随即继续西行，朝巴格达进发。数个世纪以来，这座位于今天伊拉克的城市，曾是伊斯兰文化和政治的中心之一。它的统治者被称为哈里发。哈里发既是政治领袖，也是宗教领袖，并享有崇高的威望。阿巴斯·哈里发帝国就位于巴格达。这个帝国建立于750年，阿巴斯·哈里发帝国在它鼎盛时期所控制的版图，从北非一直延伸到阿富汗。

1257年，当时的哈里发是穆斯塔西姆（死于1258年），历史学家桑德斯在《蒙古征服史》一书中认为，穆斯塔西姆“瘦弱、爱慕虚荣、无能而又胆小”。旭烈兀要求穆斯塔西姆接受蒙古人的统治，以免遭屠杀。这位哈里发拒绝旭烈兀的要求，羞辱蒙古将领，并要求蒙古人离开。然而事与愿违，旭烈兀发动了一场典型的蒙古式的进攻，在来自金帐汗国军队的援助下，蒙古人从几个方向展开围攻。1258年初，穆斯塔西姆投降，蒙古人将巴格达洗劫一空。旭烈兀后来叙述说，他的军队在那场战役中杀死了20万穆斯林。

旭烈兀在巴格达大约停留了一年左右时间，随即又准备向西挺进。这次他的最终目标是埃及，当时的埃及由马木鲁克所统治，马木鲁克是从当地哈里发手中夺取权力的突厥勇士。而到此时，一直以来在中东与穆斯林对抗的部分基督教统治者们，

皇室处决

当蒙古人处死巴格达的哈里发穆斯塔西姆时，他们先将穆斯塔西姆用毯子裹起来，然后让马去践踏。这种以及其他类似的处决方式，普遍地用于皇室成员身上。蒙古人认为，贵族的血不应该溅在地上。

则欢迎蒙古人的到来。仅仅在几十年之前，当蒙古人入侵欧洲时，他们还是基督教统治者们的敌人。但是现在，欧洲的基督教统治者们正在发动一系列被称为“十字军东征”的战争。基督教统治者们试图将穆斯林赶出位于今天中东的“圣地”（耶稣基督出生和死亡的地区）。

蒙古人到达这块区域时，只有很少的基督教军队留在那里。有些军队还与蒙古人联合一起，对抗叙利亚的穆斯林。即便是面对自己最为痛恨的敌人，有部分军队也拒绝与蒙古人联合，因为他们认为蒙古人并不是基督教徒。

蒙古人征服了叙利亚的阿勒颇和大马士革这两座城市，并似乎准备在整个叙利亚境内建立起永久的统治。不过，在 1260 年 9 月，马木鲁克发起了攻击，并取得了对艾因·扎鲁特战役的胜利。艾因·扎鲁特位于现在的以色列。

此时，蒙古军队的军力并不足够强大。当旭烈兀得知蒙哥于 1259 年去世的讯息时，他将部分军队撤回到波斯。旭烈兀不得不返回哈喇和林，参加忽里台，以推举下一任大汗。

这种情形与 1241 年的事情很相似，当时窝阔台去世，由此终止了蒙古向欧洲扩张的脚步。旭烈兀也意识到，维持蒙古军队在中东的存在是十分艰难的，因为这片区域缺乏喂养马匹的牧场。然而，在接下来的数十年间，蒙古人试图数次重新夺取叙利亚。

第二章

蒙古帝国的形成

▲这里所显示的是元代中国绘画中的忽必烈汗。忽必烈建立元王朝，并最终在许多方面采用了汉地的风俗和信仰。

当旭烈兀在西方征战时，蒙哥则把精力放在针对南部中国的南宋王朝领地的控制上。蒙哥派遣他的弟弟忽必烈（大约1215-1294年），在与南宋接壤的地方展开争夺。忽必烈的军事行动开始于1252年。1258年，忽必烈和蒙哥率蒙古大军入侵南宋。

到这个时候，忽必烈已成为汉地主要的蒙古统治者，而且蒙哥也让他统治汉地的部分地区。忽必烈在开平建造了一座都城，后来改名为“上都”。这座城市位于今天的内蒙古，距北京西北方向大约125英里。

蒙哥在1259年的一场战役之后，死于疾病引发的高烧。蒙哥去世之后，忽必烈和他的另一个弟弟阿里不哥（死于1266年），争夺大汗之位。阿里不哥留在传统的蒙古故地，获得其他蒙古诸王的支持。蒙古诸王们怀疑忽必烈受汉文化的影响太大。金帐汗国的新领导者别儿哥，支持阿里不哥成为新大汗。许多察合台与窝阔台的后裔，也都支持阿里不哥。

忽必烈的主要支持者则是他的弟弟旭烈兀，以及在汉地的蒙古诸王。1260年5月，蒙古诸王在上都举行的忽里台上，推举忽必烈为大汗。阿里不哥和他的支持者们则反对此次选举，因为忽里台不是在蒙古国故地召开。同年6月，阿里不哥自称大汗，由此开启了下一阶段蒙古帝国内战的序幕。

阿里不哥挑选一批将领在戈壁沙漠的南、北地区招募军队。他的军队在朝上都进发时，忽必烈正在长江边的鄂州（现在的武汉）与宋军作战。阿里不哥大军的逼近，迫使忽必烈从鄂州撤离，返回上都，进行防守。

阿里不哥试图对他的兄长忽必烈施以诡计，承诺自己不会发动攻击。不过就在他做出承诺的同时，阿里不哥又开始增强兵力。多亏忽必烈家族一同辈兄弟的帮助，忽必烈切断了阿里不哥大军的供给线路。失去了供给，阿里不哥的战斗力就非常有限。然而，阿里不哥仍然坚持要与忽必烈一决雌雄。1261 年年末，兄弟两人的军队在中蒙边境沿线遭遇。没有哪方敢声称自己一方取得了明显的胜利。

阿里不哥随即向中亚进发，寻求盟军。这样一来，就使得忽必烈完全掌控了蒙古本土。尽管阿里不哥赢得了一些战役的胜利，不过最终仍无法战胜有着更好装备的忽必烈大军。1264 年，阿里不哥最终承认兄长忽必烈作为大汗的统治。忽必烈随后处死了一批曾支持阿里不哥的蒙古人，不过他并未处死阿里不哥。取而代之的是，在 1265 年，忽必烈准备召开一次忽里台，以讨论阿里不哥发起内战应该受到什么样的处罚的问题。然而，就在会议召开前，阿里不哥就于 1266 年去世了。有些历史学家认为，他有可能是被毒死的，不过也没有关于这

关联

从上都到行宫

1816 年，英国作家塞缪尔·泰勒·柯尔律治（1772–1834 年）出版了一首关于忽必烈的长诗《忽必烈汗》。这首诗描述了在上都的大汗宫殿，塞缪尔·泰勒·柯尔律治称它为“行宫”（Xanadu）。诗的开头写道：

忽必烈汗在上都曾经
下令造一座堂皇的安乐殿堂：
这地方有圣河亚佛流奔，
穿过深不可测的洞门，
直流入不见阳光的海洋。

（屠岸译）

从此以后，“行宫”一词常用来指称神秘与富庶的地方。1980 年的一部电影和 2007 年百老汇的一部歌舞剧就是以此词命名。

方面的确切记载。

自此之后，忽必烈作为大汗没有再遇到挑战。然而，尽管忽必烈拥有大汗这个头衔，他所直接控制的区域只有汉地、吐蕃（西藏）和朝鲜半岛。波斯的蒙古统治者也认同他的统治。不过，在接下来的岁月里，诸汗国的统治者则变得越来越独立了。

忽必烈汗在汉地

既然阿里不哥已被击败，忽必烈汗便将注意力集中到征服南宋、统一中国的事情上来。忽必烈需要改善自己在黄金家族成员和蒙古诸王心中的形象，因为他们仍然怀疑他的大汗位置。同时，他也还需获得汉人民众的信任，相信他足以统治这个伟大的文明社会。

忽必烈进军南宋有两个目的：首先，南方拥有比北方更好的耕地，可以支撑起这个帝国；其次，南方拥有海港，可以促进海外贸易的繁荣。忽必烈同时也担心，要是不能统一中国并将其纳入统治的话，南宋王朝迟早会建立起一支军队，推翻外来的统治者。

蒙古军队在南方的作战，面临着许多以前从未遇到过的问题。南方气

关联

一座新都城

忽必烈战胜阿里不哥之后不久，他就将蒙古首都从哈喇和林迁到中都。中都曾是北方金王朝的首都。忽必烈将其更名为“大都”，汉语的意思是“伟大的都城”。

突厥人称这座城市为“汗八里”或“可汗之城”。马可·波罗游历中国时，他听到的这个突厥语名称为 Cambaluc[1]。接下来的几个世纪，欧洲人都将这座城市称为 Cambaluc。在《马可·波罗行纪》中，他这样描述这座城市：“城市到处都是美丽的宫殿，许多舒适的旅社，无数的名马良驹。”忽必烈的都城就是今日中国的首都北京，他所建造的天坛和一系列人工湖仍保留在那里。

① 即可汗之城。——译者注

▲忽必烈汗尊崇儒家思想，但他并非是真正的追随者。这是北京的孔庙。

候湿热，丛林密布，到处都是农田。他们以前一直是在华北地区和草原上作战，那里气候干冷，地域空旷。南方很少有适宜放牧蒙古马匹的广阔旷野。同时，宋朝还有强大的水军。为了击败他们，蒙古人不得不从已处于其统治之下的汉人那里寻求帮助，建造舰船。

起初，忽必烈派出使臣，要求南宋皇帝承认自己的权威，向他投降，从而避免战争。南宋皇帝拒绝了这一要求。1260 年代初期，南宋和蒙古统治下的华北边境沿线，爆发了许多小规模的战争。第一场重大的战役发生于 1265 年，地点在四川省，这场战役蒙古人获得了胜利。然而，南宋不得不坚持独立自卫，战争又拖延了十多年。

蒙古人对一些城市展开了攻城战。在襄阳，蒙古人使用数以千计的船只在长江上作战，围攻襄阳持续了两年之久。1276年，蒙古人占领南宋都城杭州。三年之内，蒙古人完成了对整个南部中国的控制。

在战争期间，忽必烈正式宣称自己是中国的皇帝。他给自己的王朝取了一个汉语名称——大多数控制汉地的外来统治者都会如此行事，以减少自己作为外来者的属性。忽必烈的王朝被称为“元”，意即“初始”。他的政府内混合了诸色人等，包括汉人、蒙古人以及其他的外来臣僚。忽必烈统治着超过6500万的汉人，而蒙古的人口则只有几百万。作为一位蒙古人，忽必烈被视为蛮夷。他试图通过采行汉人的习惯风俗，来改善自己的形象。

忽必烈汗对汉地政府做了重大的改变。在过去，大多数政府工作都由文职人员控制。这些政府官员都是通过科举考试而获得职位。这套制度的设计是为了保证，无论统治者是谁，都能让最有才能的人在官府服务。

科举考试主要是考察孔子（约公元前551–前479年）思想的相关知识，孔子是中国最伟大的思想家之一。然而，忽必烈汗并不信任这些支配中国政治的孔子信徒。他更倾向于选拔对自己忠诚的人来作为政府官员。忽必烈给许多非汉族人士提供了较高的政府职位，而汉人在政府中则处于较低的位置。

东亚的其他几场战争

早在完全控制中国之前，忽必烈就已着眼于对东亚地区的进一步征服。他起初关注的是高丽，成吉思汗曾于1218年侵入过高丽。成吉思汗迫使高丽人称臣纳贡，不过数年之后，高丽人就不再定期进贡了。1231年，蒙古人再次入侵高丽，然而高丽并未被蒙古人所牢牢控制，直到1258年蒙哥统治的后期，他们才将高丽纳入控制之下。

忽必烈与高丽国王王禃（1259-1274年在位）建立起良好的关系，王禃的统治得到了蒙古人的认可。因此，当1269年一些高丽军事将领发动叛乱时，忽必烈派军援助高丽国王。次年，高丽就已完全处于元朝的统治之下。王禃保留王位，而他的儿子则迎娶了忽必烈的一个女儿。

1273年，与南宋的战争仍在继续，忽必烈下令出兵日本。数年来，他一直向日本派遣使者。忽必烈要求日本人将他视为中国的皇帝和蒙古人的大汗，向他进贡。然而，日本人拒绝了忽必烈的要求。

1274年，一支由800艘战船所组成的舰队向日本驶去，这支舰队运载了一支超过30 000多名士兵与水手组成的入侵部队，其中包括蒙古人、汉人和高丽人。第一场战争发生在九州岛，蒙古人取得了决定性的胜利。但由于一场严重的风暴，又迫使他们退回到船上。于是，这支舰队又驶向外海，以躲避飓风带来的损害。事后证明这是一个错误的决定。海上飓风给舰船造成了严重的损害，蒙古军队伤亡惨重。残存的军队，则回到了中国。

然而，忽必烈无意放弃征服日本。1281年，他派出一支规模更加庞大的军队。这一次，日本人很有效地进行了反击，再加上又一场大风暴，又迫使蒙古人只能回撤。在第二次试图征服日本失败之后，日本再也未受到蒙古人的威胁。

忽必烈和他的军队在东南亚的进攻则更为顺

御用的鱼

鱼是高丽人进贡给忽必烈汗的贡品之一。忽必烈并不吃鱼。不过，他用鱼皮来缝制鞋子。（大多数蒙古人所穿的鞋子是由压制的毛毡做成的。）蒙古人认为，动物的皮和器官可以用来治疗疾病，要是动物鲜活的话，功效尤佳。

▲忽必烈派出舰船进攻日本，但是恶劣的天气和顽强的抵抗，阻挡了蒙古的入侵。

利。1277 年，一支蒙古军队入侵位于今天缅甸的蒲甘王国。蒲甘人骑着大象作战。蒙古将领下令弓箭手射向大象，而不是骑象者。意大利探险家马可·波罗在其著作《寰宇记》①中描绘了这一场景，他描写道，大象“躯体两侧都受了伤……又遭受到巨大呼喊叫声的惊扰”。受到惊吓的大象，朝缅甸军队狂奔过去，“给蒲甘王国的军队带来巨大的混乱”。虽然蒙古人获得了胜利，但是胜利带给他们的只是对蒲甘工国的有限控制。在整个 1280 年代期间，忽必烈派出更多的军队到那里，迫使蒲甘王国纳贡称臣。

蒙古的影响还延伸到今天的越南和印度尼西亚的部分地区。蒙古大军与安南和占婆这两个越南王国交锋过数次。曾经有一段

① 《马可·波罗行纪》的另一版本。——译者注

时间，这两个王国都曾向蒙古人纳贡，但是忽必烈从未直接统治过他们的领土。1292 年，蒙古人还侵入过印度尼西亚的爪哇国。就像之前进攻日本一样，这次入侵以失败告终。

西部的冲突

忽必烈将大部分注意力和军事力量都放在东亚，不过他却从未忽略过蒙古帝国的西部。在那里，此起彼伏的叛乱以及外部的威胁，给他的统治带来很多的麻烦。吐蕃地区，包括今天中国的西藏、青海和四川部分地区，从 1240 年代以来，就在蒙古的影响之下。1280 年代，一大批藏人反抗忽必烈所选定的西藏领袖。忽必烈汗派兵镇压这次叛乱，残杀了大约一万名藏人。

忽必烈对此次吐蕃叛乱关注的一个缘由，就是因为与他的老对手——堂侄海都（1236-1301 年）有关。海都是窝阔台的孙子，他将自己的基地设在环巴尔喀什湖地区，以及河中以东察合台汗国的部分地区。海都最终与金帐汗国的蒙古人以及八剌（死于 1271 年）等订立盟约。八剌是察合台的曾孙，他统治着察合台家族的兀鲁思。海都和八剌协议，由海都掌管察合台兀鲁思的大部分地区。最终，海都拥有足够的权势，去选择统治这个兀鲁思的可汗。随着权力渐长，海都不断挑战忽必烈在帝国西部的统治。

数年来，海都将察合台诸宗王置于自己的控制之下，派遣他们参与大部分的战争。这些中亚地区的蒙古人，与忽必烈的儿子那木罕（大约死于 1292 年）所统率的军队，进行过几次小规模的交锋。1276 年，那木罕部将密谋叛乱。这些将领劫持了那木罕和他的兄弟、堂兄弟等人，并将他们交给金帐汗国的可汗以及他们的堂兄弟海都。尽管海都欢迎这一举动，不过他并没有参与这场密谋。

这次劫持事件加剧了忽必烈对这个地区的担忧。蒙古内部的叛乱让忽必烈察觉到，在帝国西部，他的影响力正在减弱。1277 年，叛军洗劫了哈喇和林这座蒙古旧都城。忽必烈不得不派兵去镇压这场叛乱。部分逃离的叛军，后来又加入到海都的阵营。

海都与忽必烈之间的重大冲突开始于 1286 年。海都占领了位于阿尔泰山以南的城市别失八里。次年，蒙古宗王乃颜（死于 1287 年）也在中国北方的满洲地区（即东北地区）起兵叛乱。他与海都联络策应，乘这次叛乱之机，海都一举侵入到西部蒙古地区。

忽必烈领兵亲征乃颜之乱，最后乃颜被俘并被处决，从而结束了这场叛乱。马可・波罗注意到这场战争，他在《马可・波罗行纪》一书中写道："从伤者和在死亡线上挣扎的人群中传出的此起彼伏的哭喊声，淹没了所有一切，即便是天雷滚滚，你也听不到。"

乃颜之死并没有结束海都与忽必烈之间的战争。海都向蒙古本土的进攻持续数年之久，直到 1301 年他去世。那个时候，忽必烈已经去世，大汗之位传给了他的孙子铁穆耳・完泽笃汗。在铁穆耳的统治下，各个汗国之间的冲突一度停顿下来，蒙古统治下的中国也开始了一段为期数十年的和平时期。

伊利汗国的发展

直到 1250 年代，蒙古仍未完全统治波斯东部及其周边地区，一些地方统治者仍大权在握。成吉思汗曾在花剌子模和呼罗珊（属今天伊朗）赢得过重大的胜利。然而，真正将这块区域纳入蒙古帝国版图，是 1256 年旭烈兀发动的一场征战。

旭烈兀是后来被称为伊利汗国的首位可汗。"伊利"是一个蒙古语词，意思是"从属"、"不反叛"。伊利这个名称反映出这样一种事实，那就是旭

▲这是一幅15世纪的绘画作品，描绘了蒙古帝国内战中的一次战争场景，旭烈兀（左）追击金帐汗国（右）的别儿哥（中）。

烈兀承认忽必烈为大汗，并且也不会去挑战他的权威。

旭烈兀汗国从阿姆河与兴都库什山脉，一直延伸至安纳托利亚（主要位于今天的土耳其）。伊利汗国的南部边界是波斯湾和阿拉伯海，在它的北面则是金帐汗的兀鲁思。伊利汗国境内的现代国家，包括亚美尼亚、格鲁吉亚、阿塞拜疆、伊朗、伊拉克以及阿富汗、巴基斯坦和土库曼斯坦的部分地区。

旭烈兀统治伊利汗国时，也面临几个方面的问题。旭烈兀的一个对手就是堂兄弟别儿哥，他是金帐汗国的第三任可汗。别儿哥并不支持忽必烈为大汗。这就将自己与旭烈兀，放置在成吉思汗家族的对立面上。这对堂兄弟在阿塞拜疆的边境问题上还存有争执。最终，别儿哥皈依了伊斯兰教，并且他也不满旭烈兀对基督教徒以及其他不信奉伊斯兰教者的宽容态度。别儿哥联合埃及的马木鲁克人，共同对付伊利汗国。

1262 年，别儿哥和马木鲁克人从两面对旭烈兀发起进攻。马木鲁克的首领贝巴思（1233-1277 年）向叙利亚以及亚美尼亚境内的基督徒开战，这些基督徒是旭烈兀的盟友。别儿哥的军队，则侵入旭烈兀的领地格鲁吉亚和阿塞拜疆。双方还在南俄展开较量。

1263 年，金帐汗国在捷列克河赢得一场重大胜利。伊利汗国的军队后撤时，途经封冻的河面，因河面开裂而跌落河中，溺亡甚众。然而，这次伤亡却促使旭烈兀决定于次年发起一场更大规模的进攻。不过，伊利汗国内部的一场叛乱，延缓了这次进攻，旭烈兀也在准备领兵出征前夕，于 1265 年去世。

旭烈兀的儿子阿八哈随后接过指挥权，率领两支蒙古大军准备投入战

寻求西方同盟

1262 年，旭烈兀试图接触西欧的统治者。他在寻求对抗马木鲁克人和金帐汗国的同盟。旭烈兀写给法国国王路易九世的一封信保存了下来。他还派使臣赴意大利。

第二任伊利汗，旭烈兀的儿子阿八哈（死于 1282 年），也在努力寻求西方世界的同盟。他曾写信给教皇乌尔班四世（罗马天主教的首领）以及英格兰国王爱德华一世。阿八哈还与威尼斯签订过贸易协定，威尼斯商人在黑海沿岸的贸易据点进行贸易往来。但是从政治上看，蒙古试图与西方结盟的努力以失败告终。没有任何欧洲领导人，派兵帮助阿八哈对抗马木鲁克人。

斗。然而，这场战争并没有完全展开。因为别儿哥于 1266 年去世。金帐汗国的下一任可汗，蒙哥·帖木儿（死于 1280 年），决定结束与伊利汗国之间的纷争。

就在刚刚结束与家族中一个支系的纷争之后不久，阿八哈又面临来自家族另一支系成员的新威胁。察合台兀鲁思的八剌汗，向伊利汗国的东部边境发起进攻。1269 年，他侵占了呼罗珊部分地区。阿八哈最终将侵入者赶出了自己的领土，并在河中地区发起反击。

几乎与此同时，贝巴思攻打叙利亚的安条克，并侵入亚美尼亚。1277 年，他又在安纳托利亚和小亚美尼亚与蒙古军队开战。小亚美尼亚是与伊利汗国结盟的基督教王国，今天属于土耳其的一部分。阿八哈发起了一场成功的反击战，不过马木鲁克人仍然威胁着其西部的边界。

1281 年，阿八哈大规模入侵叙利亚。他意欲战胜马木鲁克人，并将蒙古统治的版图向西延伸至埃及——这是他父亲未曾完成的愿望。然而，马木鲁克人又一次将蒙古人击退。

伊利汗国内部的动荡

阿八哈在入侵叙利亚失败之后去世。1282 年，他的弟弟帖古迭儿（死于 1284 年）脱颖而出，成为下一任伊利汗。阿八哈曾试图扶持自己的儿子阿鲁浑（约 1258-1291 年），不过帖古迭儿阻止了这一计划。

帖古迭儿皈依了伊斯兰教。随即，他又试图与埃及的穆斯林结盟。不过，就在帖古迭儿将伊利汗国转变成一个伊斯兰国家之前，他就被阿鲁浑以及一些忠于他的蒙古宗王暗杀。历史学家保罗·迪·比尔在其著作《蒙古世界帝国史辞典》中，叙述到阿鲁浑的统治是“始于血腥的大屠杀”。新任伊利汗的阿鲁浑及其支持者们，处死了曾经追随过帖古迭儿的官员。

阿鲁浑统治的大部分时期，伊利汗国都处于和平状态。但是，如同他的父亲和祖父一样，阿鲁浑也决意要征服叙利亚，并摧毁马木鲁克人。同样，阿鲁浑也欲图向西扩张，将蒙古与基督教的大军联合起来，一同对抗穆斯林。他多次致信基督教世界，也派出过使臣，并曾一度承诺，为驻扎在叙利亚的基督教士兵提供三万匹马。在一封写给罗马天主教会教皇何诺四世（约 1201–1287 年）的信中，阿鲁浑写道："我们应该派遣精兵良将，两面夹击，消灭埃及人。"（转引自J. A. Boyle著 *The Cambridge History of Iran*）

尽管战时联盟未能形成，但是阿鲁浑却加强了与西方世界的商业联系。1288 年，他与意大利的热那亚商人签订合约，这份合约与他父亲阿八哈跟威尼斯商人所签订的合约很相似。

阿鲁浑于 1291 年去世，之后伊利汗国进入一段动荡时期。由于阿鲁浑并未指定继位者，次年他的兄弟海合都（约 1271–1295 年）掌权。海合都挥霍无度，不久就陷入财政危机。

在接下来的四年时间之内，旭烈兀的孙子拜都（死于 1295 年）发动叛乱，绞死了海合都。随后，拜都自封为伊利汗。几乎与此同时，阿鲁浑的

伊利汗国的都城

阿八哈定都于大不里士，位于今天伊朗西北部的一座城市。阿八哈依靠来自这座城市的波斯官员管理政府。大不里士一直是伊利汗国的都城，直到 14 世纪初，孙丹尼牙城的建立。然而，蒙古统治者仍继续过着一种游牧的生活，这些都城的建设很大程度上是为当地人，而非蒙古人。

大不里士既是都城，同时也是艺术与商业的中心。今天的大不里士是伊朗最大的城市之一。一座蒙古堡垒的遗址，至今仍屹立在这座城市里。

儿子合赞（1271–1304年）对拜都的权威提出挑战。尽管合赞以前是个佛教徒，不过后来他还是听信了手下一名将领的建言，皈依了伊斯兰教。这一转变使得他赢得许多当地民众的信任。至1295年末，合赞已获得足够的支持，将拜都逐出伊利汗国，成为下任伊利汗。

广受欢迎的统治

在合赞汗统治期间，伊利汗国的文化和经济的发展达到顶峰。波义耳在《剑桥伊朗史》一书中称，合赞“毫无疑问是最伟大的伊利汗，无论以任何时代的标准而言，他都是个天赋异禀的领导人”。合赞促进艺术及教育的发展，修建许多大型的公共建筑。他还继续推进始于阿鲁浑时期的改革，以建立一种中央集权的赋税制度。历史学家虽并不确定有多少项改革被付诸实践，但可以肯定的是，合赞汗在竭尽所能地提高政府的效率。

透过他的所作所为，合赞汗表现出他的两面性。一方面，他试图让普通民众过更加轻松、更加公平的生活。他禁止蒙古官员鞭打或杀害农民的妻儿，这是蒙古人逼迫民众缴纳赋税的惯用策略。然而，另一方面，合赞汗又在自己管辖的区域内，推行严刑酷法。官方记录显示，仅仅在一个月之内，他就处决了包括部分蒙古宗王在内的43名高

中国的冒险家

列班·扫马（约1230–1293年）是阿鲁浑派往西方的使臣中的一位，这位基督教教士是来自中国的突厥人。忽必烈汗将列班·扫马作为官方代表派到伊利汗国。阿鲁浑又随即将他派往欧洲，希望他能为自己进攻叙利亚赢得基督教世界领袖的支持。列班·扫马反方向沿着几乎与马可·波罗游历忽必烈王朝时的相同路径前往西方。列班·扫马是第一位到达巴黎以及其他西欧城市的中国旅行者。他于1275年至1280年间在这些城市游历。

级官员。

在合赞汗统治期间，越来越多的蒙古人开始皈依伊斯兰教。合赞汗的统治是伴随着一场对基督徒和佛教徒的宗教迫害浪潮开始的，不过后来他又停止强迫民众信奉伊斯兰教。有些蒙古人也逐渐放弃游牧的生活方式，开始与当地人通婚，尤其是与突厥人通婚。独特的蒙古文化，开始与当地的突厥和波斯文化融合。这一过程持续数十年之久。

然而，合赞汗总是以继承蒙古遗产以及身为成吉思汗家族的后人而感到自豪。他研究自己家族的历史，学习他们的统治，并且仍然承认忽必烈汗的继承者铁穆耳的权威。

遵照蒙古的传统，合赞汗也意图征服他国。他最想征服的是马木鲁克人统治下的叙利亚。1299 年，合赞汗试图占领阿勒颇。1303 年，第二次入侵又以惨败告终。战败之后，蒙古俘虏被押解至开罗。他们的脖子上悬挂着马木鲁克人所砍下的其他蒙古人的头颅。

合赞汗于次年去世。他未能完成将蒙古帝国版图扩张至埃及的梦想。合赞汗统治的结束，也标志着伊利汗国强大的蒙古势力的终结。在接下来的岁月里，这片区域呈现出越来越强大的波斯人和穆斯林的影响。

金帐汗国

在东亚蒙古本土之外的三个汗国中，金帐汗国与大汗之间的联系是最不紧密的。金帐汗国距离最为遥远，加上蒙哥汗和忽必烈汗将注意力更多地放在了中原汉地，而非蒙古帝国的其他部分。蒙古人称这个汗国为钦察汗国。金帐汗国的蒙古人，要比其他几个兀鲁思（汗国）要少。金帐汗国也很少派遣官员向大汗汇报，这使得金帐汗国的可汗更具独立倾向。

金帐汗国定都于萨莱，这座城市位于伏尔加河沿岸，离里海不远。蒙古人直接掌控着伏尔加河沿岸的大部分地区、南俄草原以及横亘于黑海与里海之间的高加索山脉的北部地带。这个兀鲁思的领地还延伸至西伯利亚部分地区，以及今天的哈萨克斯坦。金帐汗国同时还间接统治着俄国西北部，以及东欧其他地区。

第一位钦察汗拔都，不费一兵一卒，便让一些俄国大公向他投诚。他派人捎信给亚历山大·涅夫斯基大公（1220–1263年）（引自John Lawrence著*A History of Russia*）：“上帝让我收服了许多国家，你敢拒绝服从我的权威吗？如果你还希望保住自己领地的话，那就只有臣服于我……”为了维持他们在当地的政权，涅夫斯基以及其他俄国大公们，都向蒙古人称臣纳贡。

在推选新大汗这一问题上，金帐汗国与蒙古帝国的其他汗国之间发生了一些冲突。拔都承认蒙哥为大汗，而他的弟弟别儿哥则拒绝承认1260年忽必烈被推选为大汗。别儿哥还与他西南方的近邻伊利汗国，发生战争。

别儿哥及其继承者们与伊利汗国之间的战争，使得他们成为埃及马木鲁克人的盟友，马木鲁克人是伊利汗国当时主要的敌人。金帐汗国与马木鲁克人之间的友好关系，不仅使他们结成为军事同盟，而且还成为贸易伙伴。与埃及突厥统治者之间的接触交往，也使得金帐汗国统治精英阶层突厥文化得以加强。

同在波斯和中国的蒙古人一样，在俄国的蒙

亚历山大·涅夫斯基

亚历山大·涅夫斯基，13世纪统治俄国北部诺夫哥罗德城，他认为自己真正的敌人是西方人——德国人、立陶宛人及瑞典人，因此他决定与蒙古人合作。涅夫斯基还通过与蒙古人的关系，帮助自己及家族摆脱了经济困境。1938年，一部改编自他与德国人之间战争的电影上映。在第二次世界大战苏联与德国处于战争状态的背景之下，许多俄国人将涅夫斯基视为民族英雄。这部关于亚历山大·涅夫斯基的电影被视作经典，至今仍可看到。

古人，并没有吸收当地的文化。他们选择将自己隔离在草原上，并尽可能地保持传统的游牧文化。

那海的崛起

从 1260 年代开始，一位名叫那海（死于 1299 年）的蒙古王公在金帐汗国内部获得了巨大的权力。他是别儿哥的侄孙，曾于 1259 年率领一支蒙古军队侵入波兰。这次行动是针对汗国西部边界地区叛乱所进行的一次简短的迂回战。

六年之后，那海率领一支规模更大的军队进入保加利亚，这个国家位于今天希腊和土耳其的北部。这是别儿哥应保加利亚人的请求而做出的反应。他们面临着一场南方拜占庭帝国的侵袭，这个帝国以今天土耳其境内的君士坦丁堡（即现在的伊斯坦布尔）为首都。拜占庭帝国曾一度是东欧以及中东部分地区最为强大的势力，尽管此时它的势力已在逐渐减弱。俄国的蒙古人与拜占庭帝国，时常因为争夺对这个地区众多小国的控制而发生冲突。因为彼此间的这种敌视，蒙古人才同意出兵帮助保加利亚人。

那海迫使拜占庭军队离开保加利

关联

那海以及乌兹别克人

靠近喀尔巴阡山脉的那海领地，有时也被称为诺盖汗国（或"那海汗国"），那里的部落后来也被称为诺盖。诺盖人中包括许多种突厥语民众。这些前蒙古帝国居民的后裔，仍然被称作诺盖人。一部分诺盖人居住在一个叫作达吉斯坦的俄国地区，这一地区位于高加索山脉的北面；其他的诺盖人则生活在罗马尼亚的部分地区。

在有些资料中，乌兹别克（Ozbek）的名字写作 Uzbek。这个名称是由来自古老的金帐汗国的入侵者，在穿越河中地区时，被带入到中亚的。这些入侵者被称作乌兹别克人，他们的名字就是乌兹别克斯坦名称的来源。乌兹别克斯坦地区曾属于苏联的一部分。1991 年，乌兹别克斯坦宣布独立。

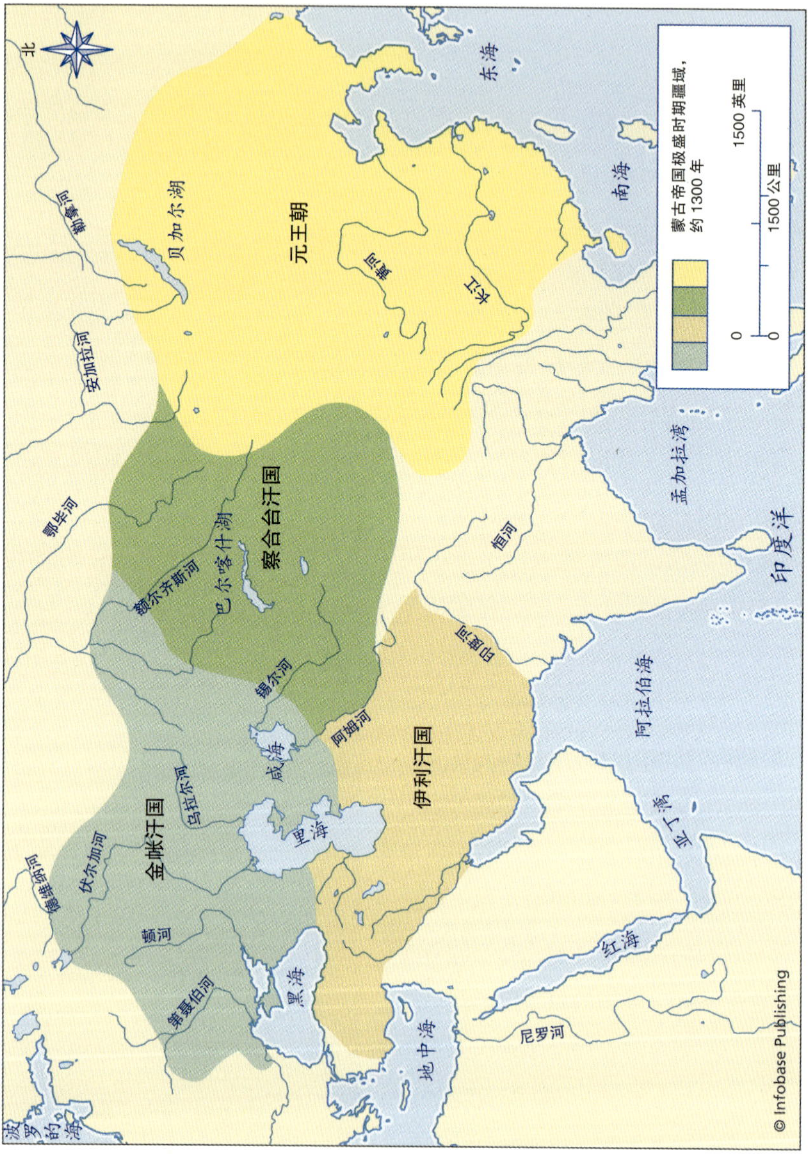

▲ 大约 1300 年，蒙古帝国分裂为四个汗国，每个汗国都由成吉思汗的后裔统治。

亚。最终，他却娶了一位来自拜占庭皇室的女子为妻——这标志着拜占庭希望与蒙古人结盟，而不是继续为敌。那海也最终成为一位所谓的王国创建者：他虽从未获得金帐汗的称号，不过他却可以指定金帐汗的人选，并对关键性的政府决策施加影响。

1265 年，那海与别儿哥发动了一场针对伊利汗国的进攻，企图夺取对阿塞拜疆和格鲁吉亚的控制权。在 1266 年的一场战役中，别儿哥被杀，那海也被射瞎一只眼睛。

新可汗是忙哥帖木儿，他是拔都的儿子或孙子（记载已不清楚）。这位新任金帐汗国的领导者，结束了与伊利汗国之间的战争。同时，他继续延续着金帐汗与忽必烈汗之间的分离倾向，并支持大汗在中亚的敌人海都。另一个很细微却具有象征意义的举动是，忙哥帖木儿将金帐汗国钱币上任何跟忽必烈汗有关的东西都加以去除。

重返欧洲

尽管忙哥帖木儿不是穆斯林，但他仍保持着与埃及马木鲁克人之间的良好关系。他也试图寻求与拜占庭帝国建立良好的关系，因为后者控制着连接蒙古所控制的俄国与中东之间的海上航线。在忙哥帖木儿的统治下，金帐汗国大部分时间处于和平状态，他仍继续向俄国臣民征收赋税。

忙哥帖木儿死于 1280 年，取代其地位的是他的弟弟脱脱蒙哥（死于 1287 年）。脱脱蒙哥皈依伊斯兰教之后，将更多的注意力放在宗教上，而不是政治上，因此汗国实际上是由那海代替他进行统治。那海控制了由黑海至东欧的这个汗国的部分地区。

1285 年，在匈牙利国王拉斯洛四世（1262–1290 年）的请求下，那海率领蒙古大军进入欧洲。拉斯洛四世不是基督徒，他正与匈牙利的基督贵族们争夺权力。

在入侵欧洲的这段时期，那海占领了位于今天罗马尼亚的特兰西瓦尼亚。另一支由脱脱蒙哥侄子兀剌不花（死于1291年）率领的蒙古军队，则试图翻越喀尔巴阡山脉，进入匈牙利。大雪阻止了蒙古军队的进军。垂头丧气的军队，于是便洗劫并摧毁了附近的城镇。

1286年，那海与第二支蒙古大军汇合，准备进攻波兰。不过，这一次波兰人击退了蒙古人。蒙古人经过此次失败的征战之后，再也没有进攻过波兰与匈牙利。然而，那海对保加利亚以及东南欧的其他地区仍然具有影响力。

不久之后，兀剌不花成为金帐汗国的下一任可汗。他与那海为争夺在俄国的控制权而展开较量。当时有一帮蒙古王公贵族，想让兀剌不花的儿子脱脱（死于1312年）取而代之，那海加入密谋刺杀兀剌不花的计划。1291年初，那海实际上已经充当了金帐汗国的可汗，尽管他并没有这一称号。

然而，脱脱却急欲巩固自己的统治地位。他与那海之间就金帐汗国如何处理贸易以及外交等方面的问题发生争执。意大利城市热那亚主导着黑海半岛克里米亚的贸易，那里的热那亚商人向脱脱寻求庇护，因为那海试图终止他们对克里米亚贸易的主导权。于是，脱脱向那海发动进攻，并于1299年杀死了那海。

这个时候，俄国内部开始滋生出很多问题。当地居民开始袭击巴思哈（即达鲁花赤），此即蒙古的征税官。脱脱不得不越来越多地依赖于当地的地方王公来征收赋税，这样就使得他们的权力越来越大。他从萨莱北上巡视，会见地方王公，成为继拔都以来，第一位离开草原地区而进入俄国森林地带的可汗。然而，脱脱未能完成他的行

关联

王室头衔

俄国人给所有金帐汗国的可汗以沙皇（tsar，或czar）头衔，它的意思是“恺撒”。这种称谓与尤里乌斯·恺撒以及后来拜占庭罗马帝国皇帝有关。俄国的统治者复制了许多当时蒙古人的统治方式，不过也仍然在使用这一头衔。这一头衔一直使用至1917年，当时俄国民众推翻了沙皇的统治。

程。他在途中死去。

脱脱侄子月即别（死于 1341 年）成为下任金帐汗。1327 年，他在俄国展开了一次巨大的政治运动，任命莫斯科伊凡一世（死于 1341 年，也被称为伊凡·卡利塔）为俄国大王公。伊万一世曾帮助过蒙古人平定一场发生于莫斯科北部城市特维尔市的叛乱。自此之后，俄国的政治与经济权力转移至莫斯科。不过，俄国人仍然没有足够的力量挑战蒙古统治者。

在月即别的统治下，伊斯兰教成为金帐汗国的官方宗教。然而，他还试图与基督教世界保持良好关系。但是他仍同伊利汗国开战，试图夺取他堂兄弟的领土。不过，如同在他之前的金帐汗统治者那样，他的举动仍以失败告终。到 1320 年代时，马木鲁克人与伊利汗国握手言和，埃及的突厥人愈发没有帮助月即别的理由。

尽管金帐汗国并没有失去寸土，不过其势力已至极限，而且这一地区的其他民众也日益强大起来。整个蒙古大帝国曾由大汗所统治，军事扩张的时代几乎就要结束。接下来的几十年，外部的威胁以及内部的变革，大大削弱了诸汗国内部蒙古人的统治。

第三章 诸汗国最后的岁月

这幅欧洲插图展示的是大蒙古国末帝帖木儿。他给欧洲人带来的敬畏和恐惧，从他1405年去世之后，一直持续了数个世纪之久。

14 世纪初期，蒙古帝国对欧亚大陆的影响达到巅峰。在整个 14 世纪期间，四大汗国历经许多的变动。到 1400 年的时候，蒙古人所征服的各个国家的形势，也已经大不相同了。有些地方，蒙古人的影响几乎销声匿迹。而在其他一些地方，蒙古人的统治则呈现出新的形式，有些地方的后继者与伟大的成吉思汗也已少有关联，或者说没有什么直接的关系了。

忽必烈汗之后的中国

1294 年，忽必烈汗去世之后，蒙古在中国的统治由他的孙子铁穆耳·完泽笃（死于 1307 年）接替。尽管铁穆耳停止了对日本与越南的进攻计划，但他基本上仍然延续了忽必烈所制定的大部分政策。中国的蒙古皇帝们，仅仅统治着中国和蒙古本土。

铁穆耳之后，在很短的一段时期内，出现了好几位继任者。他们都面临着同样的一个问题。他们不得不平衡要求遵循蒙古传统习俗的蒙古诸王、亲汉派蒙古人与汉人各方的利益。

一个积极正面的变化，朝着受儒家文化熏陶的汉人而来。仁

● 他们这样说

中秋之乱

汉人反抗蒙古统治，成为一些传奇故事的主题。此处是一个故事的版本之一，在中国仍传诵至今：

> 乃联络汉人，预约于八月十五之夕，竖花灯为信号，并分头制造月饼以供所需。每一饼馅儿中，皆置一文告相约，曰“大除夕杀鞑子（即指蒙古人）!”而胡奴（蒙古人）不识汉字，犹在鼓中，懵然不觉。经四阅月之酝酿，大部成熟，至除夕夜飨鞑子以岁除酒食，乘其酒醉而杀之，元朝卒告灭亡。由是中秋月饼风俗遍及全国。

八月十五庆祝中秋节，也被称作月亮节。中秋节标志着丰收满月。在这个节日吃圆形小月饼，是中国一项悠久的传统。但原本用于作为传递起义信号反对蒙古人统治的月饼，现在被赋予新的含义。人们仍庆祝中秋节，也仍旧在节日里吃月饼，但是历史学家们怀疑，月饼在起义当中所起的实际作用。

来源：
Chan, Hok-Lam, *China and the Mongols: History and Legend under the Yüan*. Aldershot, U.K.: Ashgate Publishing, 1999.

宗爱育黎拔力八达（死于 1320 年），恢复传统的科举考试，选拔人才到政府中担任各种职务，这种选拔主要是依据人们在科举考试中对儒家思想的理解。在元王朝所有的蒙古帝王中，爱育黎拔力八达是对汉文化最为宽容的一位。事实上，他能说和阅读汉文。

爱育黎拔力八达的儿子硕德八剌，1322 年被刺身亡，局势开始动荡不安。各个蒙古皇室成员以及他们的汉人支持者之间，互相争权夺势。紧接而来的，则是长达十多年的内战。最终，在 1333 年，元王朝的最后一位蒙古帝君出现。惠宗妥懽帖睦尔（死于 1370 年），13 岁登上皇位。他在位时间长达 35 年——自忽必烈以来在位时间最长，不过，他却面临着众多的问题。

妥懽帖睦尔统治期间，中国面临着严重的洪涝灾害，瘟疫盛行。其他的一些问题，则源于蒙古人的统治以及汉人的反应。南部中国的许多民众，从未真正地接受蒙古人的统治。他们对于日益渐增的地方官员们的权势感到愤怒，这些官员严苛重赋，以致民不聊生。

1325 年，南方发生农民起义。到 1340 年代，成群的武装匪盗逐渐控制南方的城镇，有些甚至与地方政府合作。朝廷在南方的权威逐渐减弱，地方政府以及他们非正规的军队，则逐渐壮大。进入到 1350 年代的时候，皇帝及其支持者们，只控制汗八里（北京）的周边区域，仅此而已。

妥懽帖睦尔和他的将领们，无力控制对其统治日益增长的威胁。更早期发生的战事，以及蒙古帝国其他地区对蒙古士兵的需求，使得蒙古本土的人口下降。这就意味着他们无法从蒙古本土招募到更多的士兵。妥懽帖睦尔因依赖地方军阀保卫帝国，从而增加了许多的难题。这些地方军阀更在意的是彼此权力的倾轧，而非维持帝国的统治。

叛乱者之间也开始出现内讧，彼此攻伐，这就削弱了他们为赶走蒙古人所做出的种种努力。然而，到 1356 年的时候，一位叫朱元璋（1328-1398 年）的汉人农民士兵，成为一支联合义军的首领。朱元璋自小就开始学习佛学，能读书认字，相比一般的农民，他拥有更多的文化训练。起初，他领导了一支规模较小的起义军，随后他击败其他起义军，并获得更大的权力。他最终成为中国下一个王朝——明王朝的奠基人。

朱元璋在中国东南部的南京城建立自己的政府。随即，他又逐渐地带领军队北上。在这段时间里，蒙古军阀们仍在互相杀伐，他们无法有效地组织反击，以对抗来自南方的威胁。

1368 年，当朱元璋的军队接近汗八里（北京）的时候，妥懽帖睦尔向北逃往上都，随即又逃回蒙古本土。有传言称，六个万户——六万蒙古人——和他一起逃亡，但是这种说法已经很难证实。其他的蒙古人则继续留在中国数年，试图抵抗叛乱。到 1382 年的时候，汉人重新夺回对领土的完全控制之权。一些仍留在汉地的蒙古人，则融入当地的民众中间。

尽管妥懽帖睦尔被击败，但他仍未放弃自己是中国皇帝的宣言。他死于 1370 年，之后，他的后裔子孙曾以北部中国为基地，试图收复故土，恢复蒙古人的权威。然而，汉人又迫使蒙古人撤回到蒙古本土。1387 年发生的另一场战争，给蒙古军队以毁灭性的打击。汉人最终摧毁了蒙古旧都哈喇和林。

1399 年，忽必烈后裔中最后一位声称对中国有统治权的人，被刺身亡。其他的蒙古首领们，则在蒙古境内及其周边地区，开始争夺权力。在蒙古西部，一群被称作瓦剌的蒙古人，已逐渐建立起一个小帝国。而在蒙古东部，仍自称为成吉思汗后人的蒙古人，则开始逐步掌权。当这两股蒙古势力彼此倾轧的时候，汉人试图利用这个机会，在 1400 年代初期发起了一次进攻。

1410 年，汉人赢得了这一场重大战役的胜利。但是在接下来的 15 年间，东部的蒙古人经常侵扰明王朝。这引发一场汉人对蒙古的大规模反击。然而，这次侵入蒙古，并未击溃东部的蒙古人。

随着东部蒙古势力的衰弱，瓦剌人试图建立一个统一的蒙古国家。他们与明王朝的关系摇摆不定。有时明朝皇帝似乎显得很友好，不过，汉人终究还是不愿与一个强大的蒙古为邻。1439 年，瓦剌首领也先（死于 1455 年）掌权。他与成吉思汗家族后人联姻，并以此宣称自己与伟大的成吉思汗有关联。随后，他又获得对其他蒙古诸部落的控制权。

1449 年，也先领兵侵袭明王朝。

关联

加固长城

1470 年，明朝皇帝开始重新修建长城，旧长城是横亘于北部中国地区的一系列并不相连的低矮土墙。新的城墙得以增加，旧的城墙被加固，未连接的部分则被连接起来。他们希望重建并加固的城墙，能够抵挡住蒙古人以及其他来自草原的侵袭者。

这段时期所修筑的万里长城，在今天的中国依然存在。今天的万里长城绵延 4200 英里，蜿蜒盘旋于中国的北方，西起甘肃省，东至渤海湾。

他的军队俘获了明朝皇帝明英宗朱祁镇（1436-1449年在位）。当代历史学家宾板桥（Woodbridge Bingham）、希拉里·康罗伊（Hilary Conroy）、弗雷德·伊克尔（Fred Ilké）在《亚洲史》一书中谈及被俘获的明朝皇帝“平静地呆坐在那儿，面对近十万士兵的尸体，以及被戕杀的近侍，他面无表情”。明人决定不向蒙古人夺回被掳去的皇帝。与此相反，他们又另立新君，继续与蒙古人开战。

不过，也先对明王朝发起的战争，也在自己帝国之内引发了动乱。东部的蒙古人并不想与明王朝开战，他们担心要是战争胜算不大的话，代价太高。1455年，也先遭刺杀，随即引发了一场内战。最终，一位名叫达延汗（约死于1517年）的东部蒙古人——他是忽必烈汗的后裔，大约在1480年，夺取权力。在他以及他的孙子俺答汗（1507-1583年）的统治下，东蒙古人从明王朝手里夺回了大部分传统的蒙古故地。俺答汗还将藏传佛教定为国教。

波斯地区的争斗

在合赞汗的统治下，伊利汗国蒙古人的统治达至巅峰。随着他在1304年去世，伊利汗国进入一段不稳定时期。蒙古王室的贵族们，开始争权夺势。合赞汗曾选择他的弟弟合儿班答（约1280-1316年）作为继任者。合儿班答处死了几位被视为竞争者的家族成员。随后，他获取权力，并将自己的名字改为完者都，它的意思是“财富”。

大约在这一时期，蒙古帝国的四个汗国进入了一个短暂的合作期。像完者都写给法国国王的一封信中暗示的那样（引自J. A. Boyle著*The Cambridge History of Iran*）：“……长生天的护佑，我们无论老少都达成一致……”然而，这种关系并不意味着大汗再次统治一个统一的大帝国。实际上，四个汗国仍互相独立，各自为政，都面临着各自的问题，并且彼此之间也为争夺土地和权力而互相攻伐。

完者都希望继续与埃及马木鲁克人作战。同时，他也希望获得欧洲基督教领导人的帮助。不过，他更迫切要解决的是靠近里海的吉兰地区的问题。那里发生过激烈的战争，蒙古人赢得了几次战役的胜利，而吉兰人则赢得了一次重大的胜利。最终，蒙古人付出了惨重的代价，征服了吉兰。

到1308年的时候，完者都才弄明白，欧洲君主们并不愿意帮助他对抗马木鲁克人。1312年，完者都对这个伊利汗国的死敌发动了唯一的一次进攻。在马木鲁克统治下的叙利亚土地上，进行了长达一个月的围困战，最后完者都以失败告终，撤军回到伊利汗国。蒙古人再没有侵入马木鲁克的领土。

伊利汗国的崩溃

完者都在位时期所做出的两项重大决策，影响了伊利汗国民众的生活。第一项重大决策是，完者都皈依伊斯兰教什叶派。第二项重大决策是，他任命拉施特管理伊利汗国的南部地区，阿里沙（死于1324年）管理北部地区。（这种将政府日常运作交由两位宰执官分别负责的制度，所有的伊利汗都予以采用。）这两项决策都引发出许多的问题。

多种信仰的人

完者都提供了一个范例，即不同的宗教信仰，影响了蒙古帝国。他幼年接受过洗礼，成为一个基督徒，但后来他又改宗佛教，再后来则又成为逊尼派穆斯林，最后他又成为一名什叶派穆斯林。

逊尼派穆斯林厌恶什叶派穆斯林，尤其是在完者都成为什叶派，并且什叶派获得官方认可之后。这引发政府机构中两派穆斯林成员之间的冲突。更为糟糕的事情是，两大宰执官也在争权夺利。完者都于 1316 年去世，阿里沙的同党指控拉施特毒害了完者都。尽管这项指控失实，不过蒙古官员还是将拉施特施以腰斩之刑。

拉施特死后，完者都的儿子不赛因（约 1304–1335 年）继承汗位。不赛因当时年仅 12 岁，由一位名叫出班（死于 1327 年）的将军作为首辅。

大约在 1320 年，当时不赛因 16 岁，他和出班带领一支军队在阿塞拜疆击退了来自金帐汗国蒙古人的攻击。1319 年，另一位蒙古人，察合台的后裔，在位于今天伊朗东北部的呼罗珊发动一场叛乱。伊利汗国同样也有能力解决这场危机。

不赛因治理伊利汗国很有方略，直到他于 1335 年去世。他与马木鲁克人签订过一项和平协定，他在不同利益集团争权夺势的情况下，仍保持着政府的良好运作。然而，随着他的去世，伊利汗国的政治开始混乱。

不赛因是伟大的蒙古征服者旭烈兀的最后一位统治伊利汗国的后人。他没有子嗣，也没有其他的男性亲属来继承他的汗位。成吉思汗远亲的蒙古王公们，开始为争权夺利而展开厮杀。内战给其他民族——波斯人、阿拉伯人、突厥人——以机会，将蒙古人赶下台。大多数历史学家认为，伊利汗国于 1353 年终结。

金帐汗国的冲突与变革

俄国金帐汗国的统治，在 14 世纪初期达到顶峰。这段相对和平繁荣的时期，随着月即别汗统治的结束而终结，他死于 1341 年。在月即别之后，金帐汗国也出现一些可汗。不同首领之间相互争权夺利，有时甚至不惜付诸武力。

金帐汗国还面临来自东部的威胁。立陶宛开始逐渐强大，成为一个军事、经济强国，并不断地挑战蒙古人在俄国各公国的权威。立陶宛的威胁，对蒙古人而言难以应付，因为他们在俄国的统治已经四分五裂。

到 1370 年代，甚至更早些的时候，金帐汗国兀鲁思已出现两支完全不同的游牧部落。东部的是青帐人（又称蓝帐人），他们聚集在今天靠近哈萨克斯坦的地区。他们的首领们称自己为斡儿答的后人。斡儿答是金帐汗国第一任可汗拔都的兄长。白帐人位于西部，他们跟拔都及其后裔有直接的联系。1370 年代，乌鲁斯是白帐汗国可汗。他与侄子脱脱迷失（死于 1405 年）争权，脱脱迷失得到帖木儿的支持。最终，脱脱迷失统一青帐汗国与白帐汗国。

1380 年，马迈陷入汗国的政治漩涡中，当时俄国人对蒙古人的统治发起一系列挑战。在月即别的统治下，莫斯科已经成为俄国大公们的大本营。这些大公们负责为蒙古人征收赋税。莫斯科的统治者曾经一度比其他的俄

黑死病

1340 年代至 1350 年代期间，金帐汗国所要面对的问题之一，就是要与一种高度传染性疾病——腺鼠疫（也被称作黑死病）做斗争。14 世纪中期，这种瘟疫从亚洲传到欧洲，最终夺去了数百万人的生命。

有一些历史学家认为，黑死病可以追溯到蒙古人身上，他们将这种疾病带到克里米亚半岛的卡法城。老鼠和土拨鼠身上的跳蚤，带有致命性疾病，这在蒙古是很平常的。跳蚤将疾病传染给蒙古人，蒙古人在卡法与欧洲人开战的时候，他们的这种疾病就传染给了欧洲人。这些士兵返回欧洲时，就将黑死病带回到家乡。

国首领要强大得多。1380 年 9 月，大公德米特里·顿斯科伊（1350–1389 年）率领一支莫斯科人的军队，在顿河附近的库利科沃边境与马迈作战。俄国人赢得了决定性的胜利，而马迈的战败则确保了脱脱迷失的统治。

脱脱迷失上台与帖木儿的支持有关。但在 1390 年代初，脱脱迷失试图维护自身的独立而不受帖木儿支配。为此，他与埃及、立陶宛结盟，并且开始攫取新的土地。然而，在脱脱迷失进攻帖木儿前，帖木儿就开始反击。

1395 年，帖木儿的军队摧毁金帐汗国的都城萨莱，脱脱迷失仓皇出逃。历经这次打击之后，金帐汗国再也没能恢复元气。帖木儿和立陶宛人则相继选出自己的代理人作为可汗。金帐汗国逐渐分裂为两个完全不同的部落，这两个部落势均力敌。

伏尔加河附近的喀山市，是为数不多的来自南俄草原以及东乌克兰草原的蒙古人选择定居的地方之一。不久之后，三支其他不同的蒙古部落，定居在里海北岸的阿斯特拉罕，以及黑海附近的克里米亚地区。他们被称为克里米亚鞑靼人。1475 年，克里米亚的蒙古人开始处于奥斯曼人的影响之

库利科沃

有一部俄国编年史不无想象地记载了一位在库利科沃战败之后逃亡的蒙古人所说的话。查尔斯·哈普林在《鞑靼的桎梏》一书中转述了这位蒙古人的泣声宣告：“兄弟们，我们再也不能生活在自己的土地上，看不到孩子长大成人……我们再也不能对抗俄国人，再也不能从俄国大公们那里收取贡赋了。”

直到近代，俄国人仍然认为，库利科沃之战是他们历史上最伟大的时刻之一。正是在那一刻，他们摆脱了“鞑靼的桎梏”。然而，真实情况是，脱脱迷失于 1382 年摧毁了莫斯科城以示惩罚。在接下来的一个世纪，俄国人也仍处于蒙古人的统治之下。

下，奥斯曼人是突厥人，他们在今天土耳其的中心地带建立起一个帝国。

1480 年，莫斯科大公伊凡三世（1440-1505 年，称伊凡大帝）冒犯金帐汗，当时他在萨莱觐见金帐汗时拒绝亲吻可汗的马镫。依照传统，俄国大公们一直都用亲吻可汗马镫的方式来表达忠诚。历史学家认为，伊凡三世的公然反抗，意味着蒙古统治莫斯科的终结。伊凡三世逐渐成为俄国势力最强大的沙皇之一。

被称为大帐汗国的蒙古人，计划进攻莫斯科以惩罚伊凡三世，不过在还没有到达莫斯科之前，他们就撤军了。萨莱可汗担忧，进攻莫斯科会削弱他对克里米亚鞑靼人的防御。这两拨蒙古人之间的较量，在 1502 年展开，最后以克里米亚鞑靼人摧毁大帐汗国而告终。

莫斯科现在是以前金帐汗国核心地区的主导势力。伊凡三世将缔造现代的俄罗斯国家。1552 年，俄国人控制喀山和阿斯特拉罕这两座城市，结束了蒙古人在那里的统治。滞留的蒙古人，以及克里米亚鞑靼人，已无法对俄国构成大威胁。

察合台兀鲁思的分裂

在察合台获得成吉思汗分封兀鲁思之后的几十年中，中亚的蒙古人依旧保持游牧生活方式。察合台汗国接受定居生活的可汗是怯别汗（死于 1326 年）。他在河中地区修建了一座宫殿。他的弟弟答儿麻失里（死于 1334 年）成为下任可汗。

答儿麻失里皈依伊斯兰教，他试图将蒙古统治的边界扩张至印度。蒙古人经常突袭印度，不过他们并没有控制印度的领土。然而，察合台汗国的疆界仍旧比以前要大得多，因为更早期的察合台汗国统治者，已经获得了对阿富汗以及波斯东部边境地区的控制权。

答儿麻失里皈依伊斯兰教，这激怒了仍忠诚于古老游牧文化的察合台兀鲁思的蒙古人。这些保守的蒙古人，驻牧于察合台汗国的东部、哈萨克斯坦的东南部、吉尔吉斯斯坦以及新疆地区。他们的领地常被称为“蒙兀儿斯坦”，或被称作“蒙古人的领地”。

1334 年，保守派蒙古人将答儿麻失里赶下汗位。紧接答儿麻失里之后的诸位可汗，又扭转过来信仰蒙古旧有的宗教。在察合台汗国的西部，突厥穆斯林诸王获得支配权。他们开始将察合台与窝阔台的后人选作可汗，但是实际的支配权仍然掌握在他们自己手中。以河中为中心的这个地区，仍被称为察合台兀鲁思。

察合台汗国的东、西两部逐渐分裂。西部主要是定居民，大部分为突厥人、穆斯林。东部蒙兀儿斯坦同样也受到突厥及穆斯林的影响，但他们更趋于游牧化，更接近蒙古文化的传统。然而，大约在 1347 年，随着穆斯林秃忽鲁帖木儿汗（死于 1363 年）的崛起，伊斯兰教成为那里的官方宗教。他声称自己拥有察合台的血统，并于 1360 年重新统一了察合台汗国。

秃忽鲁帖木儿的统治十分短暂，因为察合台兀鲁思西部的政局不稳。诸部争夺权力。最终，一位名叫帖木儿（也作帖木尔）的人，成为最高统治者，他建立了一个新的帝国。

帖木儿的崛起

帖木儿于 1336 年出生于撒马尔罕附近的渴石城（Kish），他深受具有数百年历史的突厥－蒙古草原文化的影响。他的家族具有蒙古的渊源。就像以前的蒙古统治者那样，帖木儿从小便能骑射。然而，与以前蒙古可汗们不同的是，他成长于一个伊斯兰社会，会说突厥语。

帖木儿属巴鲁剌思部，这是一支古老的蒙古部族，它可以追溯到河中地区察合台的一位重臣。有历史学家认为，巴鲁剌思部是察合台汗国当地最为重要的部族，但是证据并不充分。帖木儿所在的氏族是这个部落中主要的一支，不过却不是最重要的。有中世纪的史料记载表明，帖木儿还曾靠偷盗羊儿度日。

1360 年，秃忽鲁帖木儿准备大举入侵河中地区的时候，巴鲁剌思部的首领乘机出逃。帖木儿当时也随这位首领外逃，但是不久后，他又返回渴石，保卫部落的领地。一些历史学家认为，帖木儿看准了动荡时期中的机遇。他那时已经拥有一支 300 名勇士的队伍，其中有些来自其他的部落。帖木儿还与蒙兀儿斯坦以及更远地区的一些重要人物，保持政治上的联系。

当秃忽鲁帖木儿到达渴石的时候，他任命帖木儿作为这一地区的首领。而此前的部落首领返回渴石之后，曾短暂地夺回权力，不过帖木儿最终还是成为当地的领袖。他一直拥有秃忽鲁帖木儿的支持，并且他还与其他部落的首领结成联盟。

不久之后，秃忽鲁帖木儿决定将河中地区的地方首领赶走，并重新控制这一地区。于是，帖木儿在呼罗珊度过了数年。1364 年，他和他的盟友又重返河中地区。在 1364 年的一次战役中，帖木儿腿受重伤，成了瘸子。最终，他获得了一个波斯语中“跛子帖木儿（Timur-i leng）”的绰号。欧洲人又将Timur-i leng改为Tamerlane。

1364 年，帖木儿主要的盟友异密忽辛（死于 1370 年）控制了察合台兀鲁思，结束了秃忽鲁帖木儿在那里的统治。

接下来的几年时间里，帖木儿发动了一系列针对蒙兀儿斯坦以及其在河中地区同盟的战役。帖木儿通过拉拢各派群体，来增强自身的实力。穆斯林称赞他公开宣布皈依伊斯兰教，商贾们感激他积极促进贸易的畅通，而当地的王公贵族们则钦佩他在战场上表现出来的作战能力与领袖风范。

察合台兀鲁思之内的战争持续数年之久。帖木儿最终与异密忽辛闹翻，因为忽辛想成为地位上高于帖木儿以及其他当地王公们的可汗。两位昔

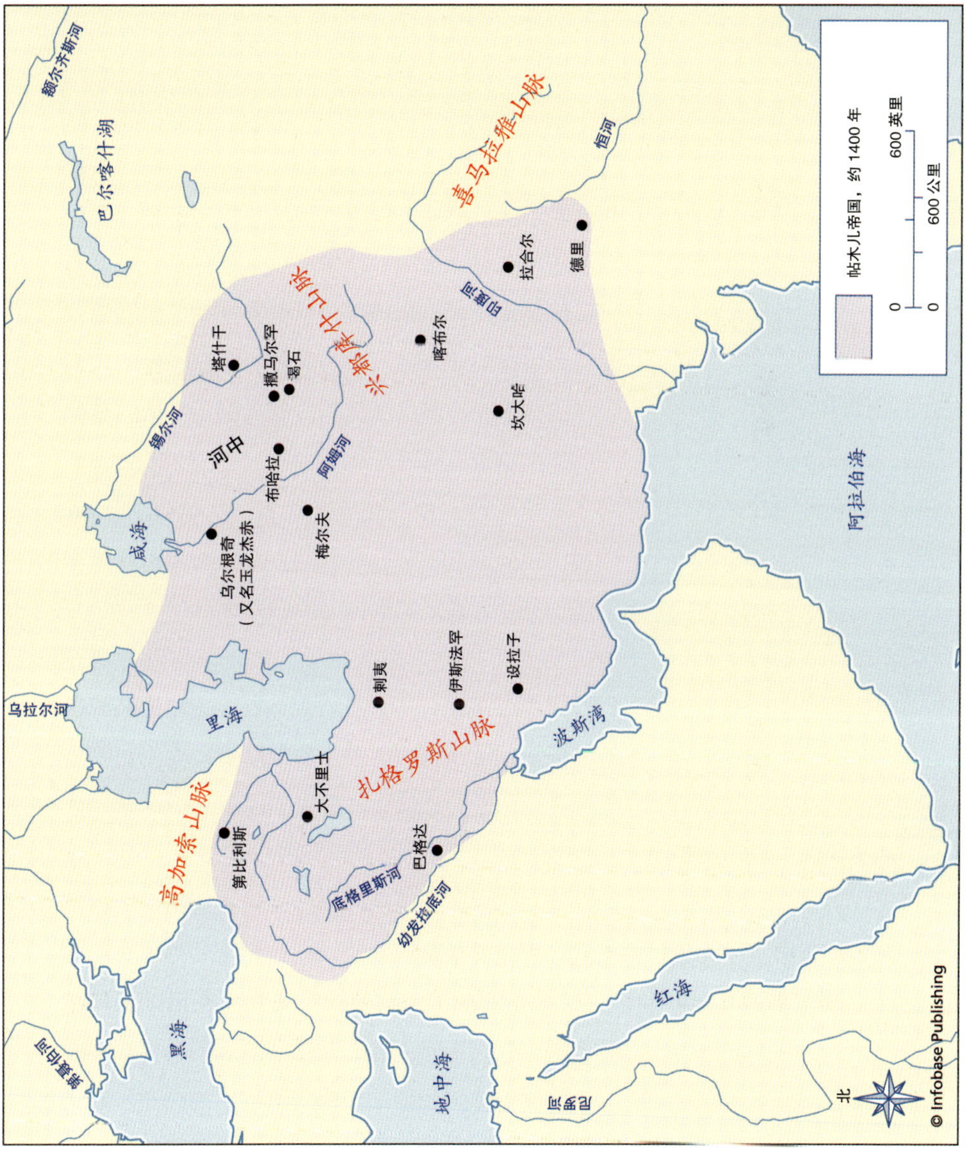

▲ 帖木儿控制了原来金帐汗国、伊利汗国以及察合台汗国的大部分地区，不过他未能将版图扩张至中国。

日的盟友，为争夺在察合台兀鲁思的权力而最终反目。

曾有段时期，帖木儿与蒙兀儿人的军队，联合起来对抗异密忽辛。1370 年，帖木儿最终击败并处决了昔日朋友。同时，他还将异密忽辛的四位妻子据为己有。其中一位妻子，是前任察合台兀鲁思可汗的女儿。正是透过与这位妻子的关系，帖木儿声称自己与成吉思汗黄金家族有关联。他将自己比作成吉思汗，并试图赢得中亚人民的尊崇，就像以前他们尊崇成吉思汗和他的家族那样。不过，帖木儿并未称汗。他只是将自己视为“大统帅（the Great Commander）”，而选择其他人为可汗——不过，实际上真正掌握权力的还是他自己。

帖木儿将都城建在撒马尔罕，并用数年时间来稳固他对察合台兀鲁思的统治。尽管帖木儿的军队给蒙古人带来威胁，并且曾抵至蒙古本土，不过他终究还是未能直接统治那个地区。

1381 年，他开始进攻曾经一度属于伊利汗国的东部地区，即今天的阿富汗。帖木儿迅速占领赫拉特，然而赫拉特城的居民在次年就起兵反叛。帖木儿用军队镇压了这场叛乱，并将叛乱者的头颅砍下，堆积成一堆——这是征服期间他们反复使用的一种手段。帖木儿似乎是想效仿成吉思汗，时常使用这种残忍的手段，来惩罚敢于反抗自己的敌人。帖木儿还称自己是“上帝之鞭”，是上天派他的军队来惩罚恶人。《中世纪百科全书》引述帖木儿对

统治者之伤

1364 年，帖木儿在一次战役中被敌军的几支箭射中，由此造成的创伤一直困扰着他的余生。其中一支箭射中他的右臂，导致他几乎无法使用右手肘。而右腿上的伤又使他终生跛足，他的右腿长期僵直不屈。这也是他“跛子帖木儿”诨名的由来。1941 年，苏联科学家发掘帖木儿的墓葬。通过对他的骨骼的检验，他们确认这两处伤，同时还在他的右手上发现第三处伤。

他们这样说

既残忍又慷慨

1403 年，西班牙国王派遣使臣罗·哥泽来滋·克拉维约（死于 1412 年）觐见帖木儿。克拉维约是唯一一位描述在都城撒马尔罕与帖木儿会见过的欧洲人。在他的游记中，克拉维约记述了帖木儿的统治臣僚们对当地民众的残暴：

> 实际上讲，帖木儿之使者降临任何一地，对当地人确为一件不祥之事。因鞑靼人之残暴行为，亦无殊于魔鬼之使人畏惧。鞑靼人逢村入镇，捉到头目人，绝不讲礼貌，或作客气话，满口乱骂，任意而为。……帖木儿的部属奉令办理政事之际，为求迅速完成起见，不顾一切，任何残暴手段，皆敢施用。甚至为加紧执行命令，而杀害人命，亦所不惜。因为这样，所以与他们相处得来之人，几乎没有。

不过，尽管帖木儿的下属如此残暴，克拉维约也看到帖木儿的慷慨大方：

> 我们发现……今日席上，又宰马、羊各 10 匹，以作丰富的饮食。饭后，又赐金锦的哈达多方，走马各人一匹。上述所赐之物，皆出于帖木儿之恩赏。

来源：
Clavijo, Ruy González de, *Embassy to Tamerlane, 1403-1406*. Translated by Guy le Strange. New York: Harpers & Brothers, 1928.

他的敌人所说的话："你们很邪恶，不过我比你们更甚，你们闭嘴吧！"

帖木儿的军队从阿富汗向西挺进到今天的伊朗地区。帖木儿为自己和军队，四处搜刮财富，并且扩大自己的政治控制权。正如蒙古早期的征服那样，这位大统帅不会去攻击那些俯首称臣的城市和国家。

大约在 1386 年，帖木儿所面对的主要挑战是来自金帐汗国的统治者脱脱迷失。帖木儿曾经支持过这位蒙古统治者。但是现在，脱脱迷失却对帖木儿所控制的波斯城市大不里士发起攻击。帖木儿派出一直庞大的队伍进入波斯地区，并于 1387 年击败金帐汗国。在这次战役中，帖木儿的军队包围了

▲ 这是16世纪阿拉伯著作中的一幅插图，展现出帖木儿军队所使用的围城术。

一片广阔的区域，对格鲁吉亚和安纳托利亚的部分地区实施恐怖的统治。帖木儿军队中的士兵们，通过逼迫他们跳崖的方式，杀害许多安纳托利亚的民众。

与 13 世纪的蒙古人不同，帖木儿在他所征服的土地上，很难建立起有效管理的政府。占领区动荡不安的局面，使帖木儿迟迟无法建立起强大的中央集权，这也不断地在驱使他，疲于平定各种叛乱。

1392 年，帖木儿不得不再次返回波斯，开始今天所称的“五年战役”。在恢复波斯西部地区的统治秩序之后，蒙古军队向巴格达挺进。戴维·尼科尔在其著作《蒙古勇士》中，引用当时一位不知名姓的历史学家的话，这位历史学家将帖木儿的军队比作“像蚂蚁和蝗虫一样，在各个乡村出没，大肆掠夺摧残”。

帖木儿的军队又从巴格达北向，侵入格鲁吉亚和亚美尼亚。1395 年，他们踏入金帐汗国的领地。脱脱迷失曾经一度威胁过帖木儿的领地。帖木儿赢得了一场决定性的胜利。随后，他们砍掉民众的头颅、双手和双脚，摧毁萨莱和阿斯特拉罕城，并且追击金帐汗国的军队，迫使他们往莫斯科方向撤退。战胜脱脱迷失之后，帖木儿班师回到都城撒马尔罕。

帖木儿的下一个目标是东方，他准备进攻德里苏丹国。这个伊斯兰国家位于北印度，拥有大量的印度教居民。帖木儿认为苏丹国的统治者们应当受到惩罚，因为他们对印度教持宽容的态度。同时，德里的巨大财富也吸引着他。

1398 年，帖木儿率领一支大约 90 000 人的军队跨过印度河，摧毁德里城。在这场战役开始之前，他们就屠杀了被囚禁的 100 000 名印度教教徒。这场战役结束后，他们杀害了更多的印度教教徒，因为帖木儿认为他所发动的战役，在某种程度上是一场针对印度教教徒的圣战。德里大屠杀中的幸存者，后来又死于饥荒以及城中蔓延开来的疾疫，而帖木儿又将许多人掠夺为奴，这又进一步减少了城中的人口。

帖木儿这次仍然无意于攫取领土，他只不过想勒索贡物。直到 1399 年 3 月，他才返回到撒马尔罕城。一年之间，他又将注意力转移到西方新的目标上。

在镇压波斯境内的另一起叛乱之后，帖木儿向叙利亚进军，那时叙利亚仍处于埃及马木鲁克人的控制之下。他夺取了阿勒颇、哈马以及大马士革这几座城市。在今天叙利亚的首都大马士革，帖木儿答应，要是当地民众愿意进贡，那么他就不摧毁这座城市。当地民众同意这一提议，并打开城门让入侵者进城。不过后来帖木儿又食言，向当地民众索取数量更加巨大的贡物。叙利亚人拒绝纳贡，帖木儿便下令展开另一场大屠杀，他告诉自己的士兵，每人需带一个当地民众的头颅回去。

撤离叙利亚后，蒙古大军往北向安纳托利亚进军，就像 1380 年代那样。1402 年，在今天土耳其首都安卡拉附近，帖木儿击败奥斯曼土耳其的军队。从安纳托利亚收取贡物后，帖木儿再次回到故土。

恶魔的象征

帖木儿战场上凶残的战术策略，伴随着他的名字在欧亚大陆传播开来。他的残忍行为，也唤起后世的写作者去描述他的一生。16 世纪英国剧作家克里斯托弗·马洛（1564–1593 年）写过一部关于他的剧本《帖木儿大帝》。美国作家埃德加·艾伦·坡（1809–1849 年）第一首长诗是《帖木儿》，这也许是受到英国诗人拜伦勋爵（1788–1824 年）更早期的一首诗的启发。艾伦·坡的诗歌所讨论的是帖木儿失去的爱，而不是他的征服故事。这两首关于帖木儿的诗，今天仍被吟诵，马洛的剧本则仍然常常被排演。

帖木儿帝国的军事与政治生活

尽管帖木儿嗜血残忍，但他支持艺术发展，并且乐于与他领地上的大思想家们展开对话。为美化颂扬自己的家乡，他从自己所征服的地区中选派艺术家和能工巧匠到撒马尔罕城。尽管这位统治者没有很好地控制他所征服的地方，不过他在建立军队与确立政治结构方面，却展示出他实在而又有效的智慧。

在建立一支强大的军队以及吸纳政治同盟的过程中，帖木儿复制成吉思汗的一些做法。由此，帖木儿也就能征服亚洲大部分地区。

就像成吉思汗那样，他挑选将领和侍卫主要是考虑他们的忠诚，而非部族的关系。他还将士兵在不同的军团中间进行调动，这样就可以避免士兵们听从于自己部族首领的指挥。

这支军队也使用成吉思汗时期曾经采用过的相同的制度加以组织，万户为最大的单位。经过一段时间之后，帖木儿也将被征服者吸收到军队中，就如成吉思汗以前所做的那样。帖木儿帝国的军队中最终包括基督徒、穆斯林，以及来自这个广阔国家中的拥有其他宗教信仰的民众。

正如所有的蒙古人一样，帖木儿对军队的纪律要求十分严格。通过击打大鼓的方式，发布命令，传递信息，以此训练士兵。为获得士兵的忠诚，帖木儿与他们一起分享征战中所获取的财富。帖木儿在信中写道（引自David Nicolle著*The Mongol Warlords*）："为鼓励我的官员和士兵们，我并没有隐藏黄金珠宝供自己享用。我与他们同桌吃饭，他们则以血洒疆场作为回报。我慷慨付出，也一起分担他们的痛苦……"作战极为勇敢或者才能出众者，就可成为达干。具有达干称号的士兵，不需要纳税，还可以直接觐见皇帝。

帖木儿在他的政府中保留了许多伊利汗国和察合台兀鲁思曾经使用过的旧有的头衔名号。波斯人与突厥-蒙古人所组成的两套官僚班子，共同执行帝国的政策。这两套官僚班子都可处理军事和政治事务，不过波斯官员们主要关注的是帝国部分地区定居民的政治事务。

帖木儿将政府的职位授予那些被征服地区的统治阶层。这种做法就是给当地官员以权力和提供获取财富的源泉——与此同时，这也加强了他们对

左侧银币（tanka）中央显示的是帖木儿的标志，由三个小圈组成的三角形。

帖木儿的忠诚。

政府最重要的功能，就是征收税赋与贡物。跟所有其他的统治者一样，帖木儿也需要金钱来支撑他的军队和维持奢华的生活。与以前诸汗国一样，帖木儿政府也向沿丝绸之路以及其他贸易通道上所流通的货物收税。

另一项重要的职务是由高级别的波斯人和突厥-蒙古人担任，以此确保他们下一级的地方官员会听从指挥。在某些情况下，帖木儿还让战败的地方统治者继续保留权力。与此同时，听命于皇帝的官员，则负责为帝国征收赋税。

军队中的各种动物

在帖木儿的统治下，与此前的游牧蒙古人一样，马匹仍然是战斗中最为重要的动物。不过，帖木儿还依赖其他动物来执行他的作战计划。为远距离沟通，他使用信鸽，将信息绑在鸽子的腿上。帖木儿也是第一位使用战象的突厥-蒙古帝王，战象已在欧亚大陆部分地区使用过好几个世纪。

帖木儿之后的帝国

帖木儿取得一系列的胜利，控制了所有或几

乎所有的旧蒙古汗国。1404 年，他将目光投向最具价值的目标：忽必烈汗曾统治过的中华帝国。那时的中国已由明王朝所统治。

帖木儿开始征集一支庞大的军队东征，不过他于次年出征之前便去世了。帖木儿去世以后，察合台兀鲁思的突厥–蒙古王公以及他们的同盟者们，开始争夺权力。帖木儿帝国的对外征服，在这个内战的时代中终止下来。不同的统治者控制着帝国的各个部分。1409 年，帖木儿的儿子沙哈鲁

关联

埃米尔吉尔陵墓的诅咒

1404 年，帖木儿为他最宠爱的已夭折的孙子精心建造了一座陵墓（这种建筑是为保存死者的遗体并纪念他们）。这座陵墓叫作埃米尔吉尔陵墓，或称为“埃米尔之墓”（“埃米尔”是阿拉伯语词，意为统治者或统帅）。帖木儿去世之后，他的家族也将他葬于此陵。其他著名的后裔，后来也葬在这里。

1941 年 6 月，撒马尔罕是苏联的一部分，苏联科学家们进入陵墓打开王陵。根据当地的传说记载，当地居民告诉科学家们不要触碰到帖木儿的遗体。当地居民声称，要是他们触碰到的话，便会有战争爆发。科学家们忽视了这一告诫，仅仅在几天之后，德国便入侵了苏联。

埃米尔吉尔陵墓，因其美丽的建筑而扬名天下。今天它已成为撒马尔罕十分受欢迎的旅游景点，它位于现在的乌兹别克斯坦。乌兹别克政府同样也会纪念帖木儿，1990 年代又为帖木儿塑了许多雕像。

◀ 帖木儿的陵墓至今仍保存在乌兹别克斯坦的撒马尔罕城。

（1377–1447年）最终脱颖而出，成为下一任最高统帅。

沙哈鲁定都于赫拉特，并控制着呼罗珊。他的儿子乌鲁伯格（1394–1449年）则代表他父亲统治河中地区。沙哈鲁于1447年去世时，乌鲁伯格控制了整个帝国。与帖木儿不同，沙哈鲁认为自己并不需要宣称与成吉思汗或其后裔有什么关联。沙哈鲁不再像他的父亲那样，拥立一位蒙古黄金家族的成员作为这个国家名义上的统治者。相反，他接受阿拉伯的算端（又译苏丹）头衔，这个头衔的意思就是"国王"。

在历经沙哈鲁的牢固统治之后，帝国维持了一段相对和平的状态。不过，在帖木儿死后不久，阿塞拜疆和今天伊拉克的地方王公们，便脱离帖木儿家族的统治而获得独立。尽管帖木儿的后人（即莫卧儿人）在印度建立了一个强有力的新国家，但是昔日的帝国在整个15世纪期间，却在持续地收缩。蒙古的影响，仍将在曾经被大汗所统治过的整个中亚地区，以及更为遥远的地区持续下去。

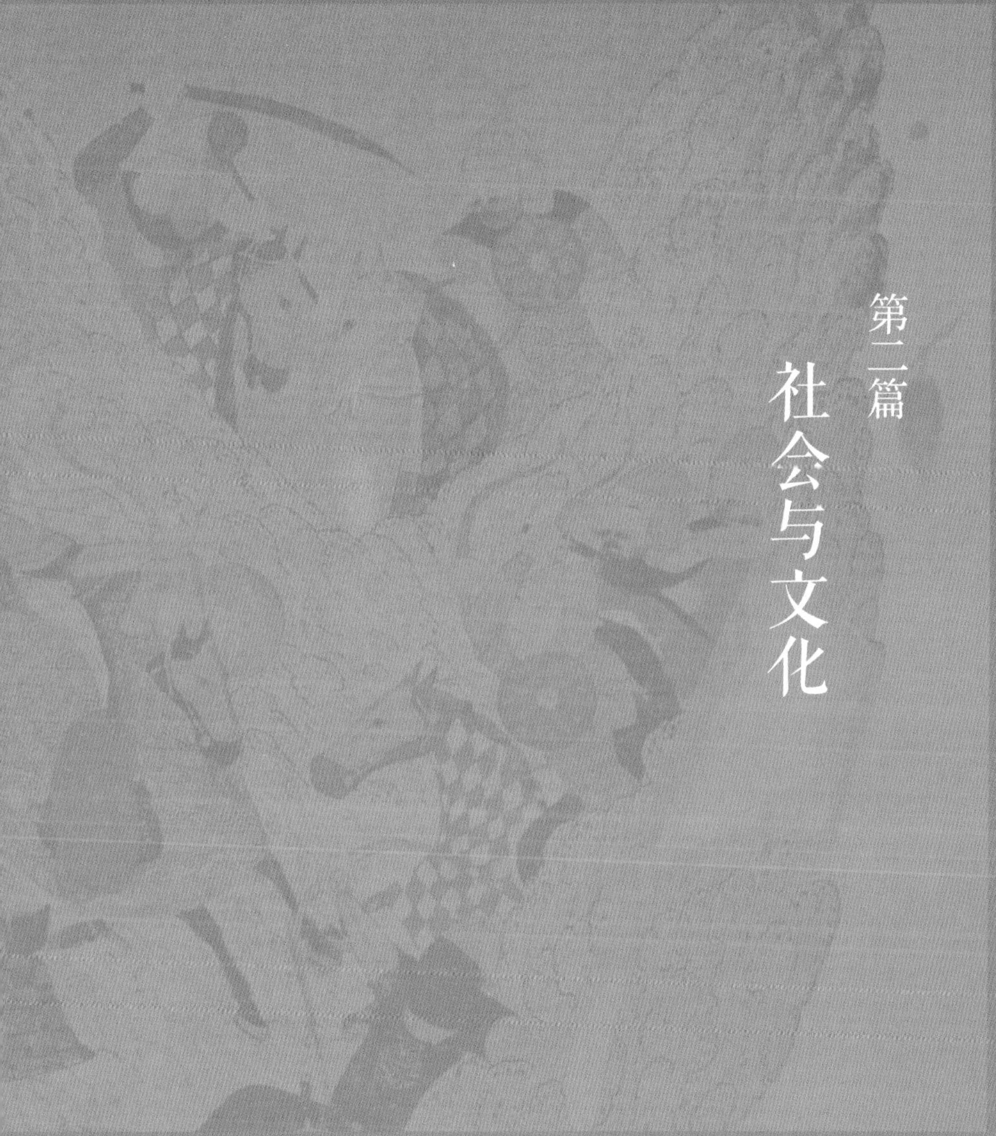

第二篇 社会与文化

蒙古的政府与社会

蒙古帝国的日常生活

蒙古统治地域上的艺术、科学与文化

第四章

蒙古的政府与社会

▲蒙古国骑手们在那达慕节开幕仪式上开展骑马活动。那达慕节是现代蒙古的一个节日，它源于忽里台的一部分。

成吉思汗崛起以前，蒙古的基本社会与政治单元是氏族。一群有亲属联系的家庭组成一个氏族，他们组成一个氏族的主要目的，是一起劳作生存。

12 世纪末，氏族开始形成更大的单元——部落。血缘联系——即氏族与部落间的关系——决定着一个人的社会地位。蒙古诸部落的统治氏族，被称为孛儿只斤（或作“博尔济锦”、“博尔济吉特”）或乞颜氏，他们被认为是由长生天所生。孛儿只斤氏被人们称作“白骨头”，而普通民众则是“黑骨头”。统治氏族可以决定部落由何人在何时发起战争，并有权主张或坚持部落的习俗。

在忽里台上，诸部选举他们的首领。忽里台不只是社交盛宴，同时也是政治聚会。有些历史学家认为，忽里台并不是一种真正的选举，因为不是每个蒙古人都能竞选最高首领的职位。首领都来自部落内最有权势的一些氏族。投票者所选择的候选人，很可能基本上都已经掌权，因为他具有管理部落的能力和实力。

最初，部落的首领也许同时也是宗教领袖，被称为萨满。到成吉思汗的时候，选择首领主要是因为他们的军事能力，以及他们贵族的血缘关系。

首领们依靠那可儿，来执行部落事务。那可儿从一个首领那儿，又转到另一个首领那儿，他们是在寻找能够为自己带来最多财富，或是具有最强军事力量的人。那可儿还扮演着首领的私人仆役和贴身侍卫的角色。他们最重要的功劳，是在军事行动中为首领招募士兵，并率领这些士兵为首领而战。首领们，尤其是可汗们，通过赐予财富的方式，在那可儿们中间建立起忠诚。这些财富或是在征服中所获取的，或者是从蒙古人控制的外部领土上所征收到的赋税。

男人、女人以及奴隶

除皇室家族中的女人外，妇女通常并不参与政治或军事活动。可汗的妻子在她丈夫去世之后，新大汗选出之前，可以摄政，或作为暂时的统治者。有些大汗的妻子，还能影响大汗的决策。忽必烈汗就经常听取他宠爱的妻子察必（死于 1281 年）的意见。

蒙古可汗通常有好几房妻子，每房都由不同的妻子当家。在统治阶层中，一夫多妻是很平常的。他们通常都有一位最受宠爱的妻子，或者长妻。蒙古人也从其他氏族那里寻觅妻子，以此加强氏族之间的联系。

蒙古人还拥有一群类似于奴隶的人。奴隶制度虽然在定居社会中发挥过更重要的作用，不过在蒙古游牧文化中，却没有得到发展。在每次战役取得胜利之后，蒙古将领们都会将敌

关联

一项蒙古人的传统

忽里台的部分庆典活动在今天的蒙古地区仍然存在，这项庆祝活动被称作那达慕。国庆日，也是一个公休日，最大的那达慕大会会在蒙古国首都乌兰巴托举行。更小型的那达慕则会在整个夏季期间，在各个地方举办。那达慕节的特色是举行射箭、摔跤以及赛马——这几项体育运动与早期蒙古人的游牧文化密切相关。

方幸存下来的亲属，作为斡脱古·孛斡勒。斡脱古·孛斡勒必须为他们的主人提供服务，不过，他们可以拥有自己的财产。时间一长，有些斡脱古·孛斡勒便被视为家族成员了，而另外一些则成为重要的社会成员。

底层奴隶孛斡勒，则没有像斡脱古·孛斡勒那样，具有谋求财富与获得社会影响力的机会。孛斡勒常被他们的主人卖为奴隶。《蒙古秘史》记载，一位饥饿的突厥人将自己的儿子卖给他人为奴，只是为换取“（少许）鹿肉”。

帝国政府的崛起

大约在1185年，铁木真（成吉思汗出生时的名字）在他的部落中赢得可汗的头衔。他又用了20年的时间将蒙古所有部落统一起来，成为大汗。一旦取得那种地位，他便在一个巨大的，且民族各异的社会里创立一种新形式的政府。大多数历史学家认为，成吉思汗作为一个伟大征服者的崛起，这不仅归因于他的军事才华，更多地也归因于他的政治手腕。

成吉思汗将许多旧宗族和旧部落的首领加以更换，以忠诚于自己的将领取而代之。成吉思汗被称为大汗时，他将军队分为95个千户，并要求所有的健康男性都要参军服役。在处理敌对部落和氏

女性战士

几乎所有的蒙古勇士都是男性，不过有个十分著名的例外就是忽秃伦（生卒年月不详）。她有时会骑着战马与她的父亲海都一起，并肩作战。数十年来，海都一直在中亚地区挑战忽必烈的势力。据说忽秃伦向想娶她的男人提出挑战，要求他们能够证明自己在战斗中比她更强悍，或更具军事才能。每位挑战者都得拿出一百匹马来打赌。忽秃伦终身未婚，最后，她拥有一万匹马。

▲ 上图源于 14 世纪波斯史书中的一页，它描绘了一位被妻子和家人簇拥着的蒙古可汗。

族的时候，他打破蒙古的传统。传统上，蒙古人常常将来自同一部落的士兵，安排在同一个群体里。取而代之的是，成吉思汗将所有的士兵都打散到所有单元群体中去。这样一来，他们就不会试图去与自己部落的人进行联合，起兵反叛。

士兵的家属同样也要服从军事将领的命令。军事将领的儿子可以继承其父亲的职位。要是可汗想换一个将领负责指挥，那么另一位将领则会失去这个职位。

成吉思汗还建立怯薛（蒙古语意为“那些人的帮助”[①]），充当宫廷护卫。怯薛由日班护卫、夜班护卫以及弓箭手所组成。这些特殊的士兵，用成吉思汗的话来说（引自*The Secret History of the Mongols*），就是“照管我的生活”。怯薛除保护大汗外，还要执行大汗的命令，并且要确保军队能随时投入战争。伴随着帝国的发展，怯薛也投充为中央朝廷的官员，而且也经常代表大汗到边远地方巡视。

在过去，牧地由氏族而非个人所拥有。这一观念并没有随着可汗的出现而消失。成吉思汗统治整个帝国，是为了他的家族，而并非只是为他自己。唯一的区别就是，他的家族所拥有的土地，涉及整个帝国，而不仅仅只是蒙古的几块牧场。

土地以及统治土地的权力，构成兀鲁思。波斯历史学家志费尼（引自Peter Jackson著*The Mongol Empire and Its Legacy*）描绘了这一安排：“虽然权力和领土似乎只属于一个人，即被冠有可汗名号的那个人，但在现实中，他所有的子孙后裔以及叔伯都可分享王权和财产。”这种安排某种程度上转变成，在成吉思汗诸子之间，形成几个独立的兀鲁思。不过，在每个汗国里，黄金家族都遵循着传统蒙古的所有权观念。

① 其实也是“轮番宿卫”的意思。——译者注

蒙古的法律

通过统一蒙古诸部，成吉思汗建立起一个全新的国家。由于诸部落之间长期处于冲突状态，成吉思汗决定利用手中的权力来建立一种秩序。在获得大汗称号不久之后，成吉思汗就说道（引自Paul Ratchnevsky著*Genghis Khan: His Life and Legacy*）："要严惩盗窃，清除诈骗。对犯死罪的就该处死，对该判罚金的就该上交罚金。"

成吉思汗按照法令来进行统治——他的裁决和声明都具有法律的效力。多年以来，当代西方历史学家们提及一部法典，此即《大札撒》，这是1206年成吉思汗为蒙古人而创制的。成吉思汗的弟弟失吉忽秃忽，被任命为最高法官，他还负责记录法律，并确保这些法律得到遵守。然而，近些年来，有部分历史学家开始质疑，成吉思汗并非一次性地创制出《大札撒》。现在并没有关于这部法典的直接书面证据，只有一些后来的历史学家的著作，如拉施特，据说他引述了一些法典里的内容。

目前，我们并不能确定成吉思汗时代的蒙古人是否拥有成文法典。不过，他们的确有不成文的部落法。成吉思汗的许多判决命令都被记录下来，作为正式的法律。后来的大汗们则将所有这些判决命令都写到书里，并增添他们自己的判决命令，由此而形成一批部分成文的法律，以及部分不成文的法律。

上天所选择的人

蒙古大汗虽然并未建立一种神权政体（政府由宗教领袖所领导），不过宗教在政治决策中，仍经常扮演着重要的角色。成吉思汗的权威，部分地是建立在长生天选定他作为统治者的这一说法的基础上的。在击败克烈人之后，他就宣称自己受到"长生天的护佑"（引自*The Secret History of the Mongols*）。在1206年举行的忽里台上，他被推举确认为大汗，一位宗教人物声称，长生天——蒙古语中的"帖卜·腾格里"——已经选择成吉思汗作为领导。

这部被称作《大札撒》的法典，涉及军事运作与对外事务的处理。正由于军队对于蒙古帝国来说至关重要，因此法律施以严格的军事纪律。如果一位士兵丢了弓箭或其他装备而不捡回来的话，那么这名士兵就会被处死。

普兰诺·卡尔平尼记载道（《我们称之为鞑靼的蒙古人的历史》）：“当列阵投入战斗时，要是有一个、两个、三个或者更多的人逃离其所在的十人分队，那么这十个人都得处死……而且，要是有一个、两个或者更多的人勇于前行，而其他的人没有跟上的话，那么他们都将被处死。”蒙古人在政治上，也有严格的法律规定。在未被忽里台推举之前，任何人要是试图进行统治的话，都会被处死。

如同其他文明一样，蒙古的法律体系中也包含赋税制。他们还完全只是游牧民的时候，蒙古首领们就收取牧民们的牲畜作为一种赋税。当他们开始统治定居社会时，蒙古人便向每一个人征收实物或货币税。蒙古人还对贸易征税，按照所售物品的价值，征收一定比例的税收。

由于兀鲁思与财富严格意义上讲是属于可汗家族的每一位成员，所以蒙古统治者们就需要一种方式，来确保他们所获取的财富能被均分。处理这

射箭丈量土地

成吉思汗时常会赏赐土地给将领们。他让将领们用射箭丈量的方式来界定他们受赏土地的边界，得到赏赐的将领朝东、南、西、北四个方向射出四支箭。箭头所落的地方就作为他们受赏土地的界标。

忽必烈在其都城汗八里为新建佛教寺院确立四至时，也使用类似的方式。尽管每支箭所射出的距离会多种多样，但蒙古人和那个时代的其他人，却经常使用这种方式来测量长度，因此，一个箭程或一个半箭程常作为丈量单位。

一事务的制度就是札鲁忽。大汗与其他氏族的首领在札鲁忽上碰头，处理氏族的所有事务，并不仅仅只是财产事务。被称作札鲁忽赤的官员，负责在氏族成员中间分配财富。在征服地区，札鲁忽赤还要主持当地的人口统计。官方的统计数据用于决定该区域应向大汗缴纳多少税赋，大汗则与当地统治者以及大汗的家族，共同分享这些财富。

地方官员的作用

当蒙古人开始向外征服时，他们就不得不创制新的政治制度，并且依靠当地官员的帮助。成吉思汗利用那些被称作达鲁花赤与巴思哈的官员，代表他来统治偏远的地区。他们负责收税、招募军队以及解决当地官员和贵族之间的纠纷。

达鲁花赤通常由那些支持蒙古统治的突厥人担任，这些突厥人得到蒙古人的平等对待，因为他们在军事上服务于大汗。巴思哈则是一些被挑选出来为大汗服务的当地人。由于蒙古人始终未在俄国境内建立起一个强大的中央政府，所以巴思哈最终在处理金帐汗国的事务中扮演着至关重要的角色。在其他兀鲁思，蒙古人则使用现存的政治结构来帮助他们处理地方事务。

在蒙古帝国早期的岁月里，一位至关重要的外来官员是默罕默德·牙剌瓦赤（死于1262年），他是一名来自花剌子模的穆斯林。成吉思汗统治时期，他作为巴思哈。窝阔台则让他管理蒙古统治下的中国地区。许多札鲁忽赤官员以及其他官员，都在他手下任职。他的儿子麻速忽（死于1280年代），在突厥斯坦这个中亚城市云集的中心区域，担任相同的职位。

早期蒙古诸汗也依赖畏兀儿人以及其他的中亚突厥人，这些人在朝廷中任职。在中亚和波斯地区建立起来的政府，大部分都由突厥-蒙古人而非纯粹的蒙古人来担任相关的职务。

到1241年窝阔台去世时，蒙古人已将他们所拥有的蒙古本土之外的领土，分为三个主要的行省。这种划分是为了确保蒙古人对定居民众的严格控制。（行省体制中并不包括俄国，因为它还不够发达和富有）。帝国分裂为几个独立的汗国之后，行省体制则用于将中国划分成更小的政治单位。这套由蒙古人创制的体制，仍是今日中国行省划分的基础。

蒙古群体在中国

东亚的忽必烈帝国，是脱胎于蒙古帝国的四个汗国中最大的一个。大汗认为中国是蒙古帝国最有价值的一部分。现代历史学家对于中国的认识，比其他几个汗国更为清楚，因为中国人保留了他们详细的历史记载。忽必烈汗统治的中国，也引起西方更多的注意，因为马可·波罗和其他游历过那里的欧洲人留下了著作。

作为中国的皇帝与蒙古人的大汗，忽必烈将这两个民族的政治体制融合一体。然而，总体上的政治结构更明显地具有蒙古色彩，政府关注在部族的组织结构上。尽管许多政府官员与部门都有汉式称谓，不过忽必烈仍依靠札鲁忽赤和达鲁花赤来发挥他们的传统功能。忽必烈希望，至少在表面上呈现出中国的色彩，这样做的目的是为了保持被征服臣民的忠诚。

复仇法则

在早期的游牧岁月中，蒙古人许多的不和与战争，都起因于复仇——使用暴力来回击某人或某氏族对自己做出的明显的冒犯或不道德的行为。实际上，蒙古人自行掌握法律，因为他们并没有一个能负责实施逮捕与惩治犯罪的政府。这种观念一直存在于帝国早期阶段，哪位外人若是侮辱大汗的话，有时也会成为开战的理由。

● 他们这样说

统治者被任命

志费尼在他的巨著《世界征服者史》一书中，正面地描绘了蒙古人。因为志费尼曾为蒙古人服务，他希望让主子高兴。这里挑选的是他著作中的一部分，描述了任命蒙哥（在这里称之为Mengu Qa'an）为蒙古人大汗的情况。

> 这就是说，王国的权柄……被授与崇高的君王、全人类的主宰、阿拉伯和非阿拉伯的众汗之汗，蒙哥可汗（愿他与天地齐寿！）的强有力的手中；大地的面上因他无所不包的仁德，再得到美化和修饰，而且总的说人类的事业，特殊说穆斯林的前程，呈现出新的朝气和光泽。

来源：

Juvaini. *Genghis Khan: The History of the World Conqueror*. Reprint. Translated by J. A. Boyle. Manchester, U.K.: Manchester University Press, UNESCO Press, 1997.

1260年举行忽里台之后不久，有些忽必烈的汉人谋臣就提出关于如何管理中央政府的建议。不出所料，他们都希望尽可能保持传统中国的结构。忽必烈接受了经济方面的部分建议。例如，政府发行纸币，并且保持对某些关键行业，如采矿业的控制。但是，忽必烈汗拒绝关于保留科举制度的建议，这一制度是用于选拔官员——就是处理大部分日常事务的政府官员。

汉地科举制度的设计，是为了确保最优秀的人才能在政府效力，无论他们的家庭出身，也无论统治者是谁。官员候选人参加考试，主要是测试他们的历史、文学以及哲学方面的知识。通过科举考试的那些人，会获得政府的任命。科举考试主要以孔子思想为主导，他是中国最伟大的思想家之一。然而，忽必烈选拔政府官员，更看重的是谁对他忠诚。他废止了科举制度。

忽必烈将帝国民众分成四个等级。处于最顶端的是蒙古人，紧接其后的是西亚和中亚人，再之后的则为中国北方的金人。中国南方的宋人则处于最底端。皇帝最为信任的官员，大多数来自前两个等级。军队最终也分由三部分所组成：由忽必烈所直接领导的蒙古骑兵、由地方将领所领导的行省骑兵以及汉人步兵。

忽必烈还试图使政府运行更有效率。他取消一些部门，政府事务由三个主要机构来主导。中书省处理大部分民事，枢密院处理军务，御史台则确保地方官员能履行职责。对于违反法律，或者不能满足大汗标准的政府官员，忽必烈制定出规则予以严惩。例如，懒散的官员可能会被鞭打。收受贿赂或者以权谋私的官员，也会受到同样的惩罚。

然而，蒙古的统治在整个中国并不是完全一致的。尽管忽必烈建立起诸多的制度，不过对于更偏远的省份，他并没有太多的控制权。虽然他要求服从及忠诚，但是他的司法体系并不如以前或其后汉地王朝的司法体系那么严酷。

中国内部的交通与贸易

在中国内部，忽必烈所依靠的交通系统被称为驿站。这套驿站系统最先是由窝阔台汗在他的兀鲁思内发展起来的，最终遍及其他诸汗国。驿站所使用的是一系列间距在25或30英里的军事站点。每个驿站都有由当地居民提供的马匹和其他物资。肩负公务的骑乘者，例如传达大汗的信息或向大汗禀告情报，他们每到达一个驿站，便会更换一匹新的马匹。通过这种频繁更换马匹的方式，信使就可以在一天内走大约200英里的路程。

关联

纸币

汉人在成吉思汗崛起的好几百年前就已发明纸币。然而，蒙古人却在推广纸币的使用上起了很大的作用。马可·波罗在《寰宇记》一书中写道："在几乎所有臣服于忽必烈统治的王国里，没有一个国家被允许制造或流通任何其他的货币。"

伊利汗国将纸币引入波斯，加上马可·波罗对纸币的描述，这使得纸币的概念也传给了绝大多数欧洲人。（伊利汗并不知道如何运行纸币体系，不久纸币就在伊利汗国撤销了。）今天，正如忽必烈统治下的中国一样，只有国家的中央政府才有权印发纸币。

驿站也供外交使臣使用，有时也供商人使用。乘驿者必须出示自己被允许使用驿站的证明。政府官员或者信使，随身携带腰牌或一张授权的牌子。这种椭圆牌由木头、银子或金子制成。

蒙古人驿站的概念，似乎是从契丹人那里借鉴而来的，但是他们使用的规模要比契丹人大得多。亚洲其他一些政府后来也模仿这种制度，而且19世纪的美国政府，也尝试过类似的制度，使用快马提供邮政服务。历史学家戴维·摩根在《蒙古人》一书中写道：“驿站系统大概是继军队之后，蒙古帝国最富效率的机构。”

道路的修建既提高了乘驿者的速度，同时也在蒙古统治下的中国商业贸易中扮演了重要角色。忽必烈鼓励贸易，因为可以征取税收，也正因此缘

丝绸之路

数千年来，商人和旅行者沿着这条丝绸之路往来。丝绸之路连接着中国和中亚，并跨越酷漠和高山，直达中东。这条道路实际上是由一系列通道所组成。它的名称来源于丝绸，这是从中国运往西方最有价值的产品之一。蒙古人积极促进沿丝绸之路的贸易，尤其是在丝绸贸易方面。

➤ 一幅14世纪西班牙地图，描绘了马可·波罗沿着丝绸之路的旅程。

由，被称为斡脱的商人群体们，得到允许也可以使用驿站。蒙古统治下的中国依靠来自中亚的穆斯林商人，通过陆路通道将货物运来或运出帝国。他们带来诸如骆驼、马匹、药材以及香料等物资。中国商人则向外输出丝织品、陶瓷以及食品。

商人们还使用船只来运输货物，从中国港口福州与广州等地起航。与南亚的海外贸易国家，包括印度、印度尼西亚，甚至是更偏远的波斯。船只也载着货物，在中国的许多条河流上通行。忽必烈汗重新修建并拓展大运河，这条人运河最早可追溯至公元前 486 年。大运河全长大约 1200 英里，从北京一直延伸至杭州。大运河的部分河段今天仍在使用。大运河使得从中国中部地区向首都汗八里运输谷物以及其他食物，变得更为便捷。

蒙古人在波斯

随着旭烈兀的征服以及伊利汗国的建立，蒙古人获得对波斯以及邻近地区的控制。蒙古人接管了一个由穆斯林所主导的政府与社会，尽管那里也有许多基督徒与犹太教徒所属的少数派社区。穆斯林圣经《可兰经》制定了伊斯兰社会的律法。在旭烈兀的统治之下，尽管当地民众仍受伊斯兰法律的制约，不过蒙古的法律开始变得更为重要。

蒙古人对所有宗教都持宽容的态度，这削弱了伊斯兰教在政府中所起的作用，直到伊利汗皈依伊斯兰教之后。尽管如此，有部分蒙古首领，还是希望恢复蒙古传统的法律。14 世纪初期（根据戴维·摩根在《蒙古人》一书中的描述），有一位蒙古将领对其他蒙古人说，抛弃成吉思汗所制定的《大札撒》而遵循《可兰经》，是一种“可耻而不光彩的行为”。

如同在中国一样，伊利汗利用一些现存的政治结构来加强他们的统治。然而，旭烈兀以及他的继承者们，在任命重要职务时，更倾向于使用当地官员。几位辅佐蒙古人进行统治的重要官员，都来自波斯阿老丁·阿塔蔑力克·志费尼（死于1253年）的家族。

犹太教大臣撒菲·倒剌（死于1291年），是另一位重要的非蒙古人的官员。13世纪晚期，撒菲·倒剌作为阿鲁浑统治下的一名谋臣，负责执行税法，有时还使用酷刑执法。波斯人十分厌恶撒菲·倒剌，因为这些严酷的手段，以及他的犹太人身份。他还庇荫亲友，获取官位。但是历史学家瓦萨甫（1264–1334年）认为（引自J. A. Boyle著*The Cambridge History of Iran*）："他的改革使得叛乱、抢劫以及盗窃都销声匿迹。"

撒菲·倒剌严禁政府官员盗用公共资金，并确保对穆斯林按他们的《可兰经》法而非蒙古法来进行审理。如同其他官员一样，撒菲·倒剌不得不遵守伊利汗的法令，也不得不与蒙古诸王和将领们打交道，他们试图要收取赋税，另一方面又要控制自己所在的区域。

虽然他们统治着自己的领地，不过作为大蒙古帝国的一部分，第一代伊利汗也承担着相应的义务。相较于其他几个兀鲁思，伊利汗国仍保持着对大汗的忠诚。不过到合赞当权的时候，这种情况发生了改变。当合赞抛弃伊利汗头衔转而接受穆斯林的算端称号时，这意味着他似乎要切断与东亚蒙古人之间的联系。他将大汗的名字，从硬币上剔除。伊利汗再也不认为自己是更大的蒙古帝国的一部分了。然而，这些改变或许是为了赢得当地波斯人和阿拉伯人的支持，并且伊利汗国仍与大汗保持着良好的军事与外交关系。

在伊利汗国政府与大汗朝廷之间起纽带作用的，是一位名叫孛罗（约1240–1313年）的蒙古官员。他的家族为蒙古部族之一，这个部族在成吉思汗尚未成为大汗之前，就已处于他的统治之下。忽必烈选择孛罗作为代表，出使伊利汗国都城大不里士。1285年，孛罗抵达大不里士。在将近20年的时间里，他忠诚地辅佐过好几任伊利汗。他是阿鲁浑的首要谏臣，同时也在战场上为伊利汗国效力。孛罗帮助波斯的蒙古人加强他们与传统游牧文化之间的联系。

合赞统治下的变革

在合赞汗的统治下，蒙古的传统遭到削弱。合赞皈依伊斯兰教，并且迫使生活于他统治之下的基督教徒与佛教徒也皈依伊斯兰教。这使得伊斯兰教在统治阶层中具有更大的影响力。然而，政府并不总是那么地和谐统一，伊斯兰教的两个主要派别的后继者们，为扩大自身的影响，开始争斗起来。

合赞汗在本国的主要目标之一，就是改革政府对地方经济的掌控。根据一些历史学家的记载，蒙古在波斯的统治趋于残暴和混乱。在有些城市里，蒙古人将近半数的家庭洗劫一空，居民罹难，四出逃亡。沉重的商业税收，也使得城镇重建举步维艰。合赞试图修订税率，以便使每个人都知道他们所拥有的是什么，而且也让民众知道，当地的王公不能为自己谋取更多的钱财。合赞还引入一种新的货币体系，并试图改善驿站信息系统，这个系统与在中国所使用的驿站系统相似。

合赞鼓励农民回到他们已抛弃的土地上，并且他试图改善军队的薪酬制度。他将本该用于支持军队的土地授予将领们。在伊斯兰世界，统治者与其他富裕的人，有时候会设立一种“瓦科夫”制度，它可免除土地的税收，要是一家商业机构赞助清真寺或是支持慈善事业，那么也可免去赋税。合赞创立一种新的土地“瓦科夫”，并将这些资金用于救助老弱病残。

有些历史学家认为，合赞做出的这些变革，的确具有一定的正面作用，这在改善农民生活方面尤其明显。然而，也有其他一些历史学家并不能确定，这些改革到底在多大程度上改善了那些赋税过重的农民的生活。在合赞去世之后，那些因为这些改革而失势的蒙古王公们，再次恢复权力，带来更为沉重的

关联

伟大的葡萄

设拉子在蒙古征服前就是波斯的一个主要城市，直到现在它仍是伊朗的工业中心。这座城市广为人知，很可能是因为产自这里的一种葡萄。设拉子葡萄现在普遍用于酿造上等的葡萄酒。

合赞试图在帝国强行推出一项新的税收体制。这是一幅16世纪的插图，展示出税收官征收赋税时的情景。

经济压力。

正如在中国一样，伊利汗国的商人加入到一张巨大的贸易网络中，这张贸易网连接着亚洲、欧洲以及北非。有些城镇以一些特定的产品而闻名于世。例如，设拉子是冶铁和羊毛纺织中心，而伊斯法罕则是因为它的丝绸和制棉而出名。（这两座城市都位于今天的伊朗）。其他城市则充斥着许多被称作巴扎的市集，这些巴扎建立在蒙古人夏营地和冬营地之间迁徙经过的地方。

蒙古统治下俄国的政治与社会

蒙古人入侵俄国之前，城镇均由地方大公们统治。被称为波雅尔的贵族，为大公们效力。作为回报，有些波雅尔拥有自己的军队和政治顾问，而这些顾问并不对波雅尔的大公效忠。俄国人完全没有像在中国和波斯那样，有一个强大帝王的概念。

在拔都征服以及金帐汗国建立之后，这种地方政治体制仍在很大程度上得到保留。拔都以及他的继承者们，都只是追求贡赋，他们对于直接控制俄国领土并不关心。蒙古人是草原居民，并不想生活在西北的森林地带。他们控制着汗国的草原地带，而将城镇留给俄国大公们。由于将注意力放在草原上，这也就使得他们更关注丝路沿线以及其他商贸路线上贸易税的征收。

在大多数情况下，蒙古人与俄国人之间并未互相影响。他们之间的直接文化联系，是通过钦察游牧人而展开，钦察人是草原上一支操突厥语的人群。这两拨人群，都过着一种方式传统的游牧生活。突厥文化重要性的一个显著迹象，在 13 世纪结束前就已在金帐汗国呈现出来：汗国硬币上的蒙古文，被突厥文所取代。

在俄国城镇，蒙古人派巴思哈去征收税赋，蒙古士兵则承担起保护他们的责任。蒙古人同时也在当地征兵。有时“征兵”是暴力的，因为蒙古人会强迫俄国人服兵役。

与此同时，俄国人也不得不向蒙古官员提供食物与房屋。蒙古人在一个地区内征税，是基于户口数量来进行征收，他们所借用的这套税赋体制，起初形成于中国。蒙古人还征收贸易税。无力承担税赋的人，则被强迫沦为奴隶。如果当地人拒绝纳贡，或是反抗蒙古官员，可汗就会迅速从草原派出一支规模宏大的军队，来维护蒙古人的统治。

由于蒙古人对所有的宗教都持有独特的宽容态度，金帐汗国的统治者们并没有强迫俄国的东正教纳税。教会领袖派代表前往萨莱城，以维持与可汗之间的良好关系，而无需缴纳赋税，则又使得东正教逐渐富裕起来。

东正教免于赋税的这种安排，并不能阻止当地宗教领袖发表反对蒙古非基督教统治的言论。一部13世纪晚期的俄国编年史，记录了一位名叫塞拉皮翁主教（死于1275年）的一些布道词。塞拉皮翁称蒙古人为“残忍的异教徒，无论是对年轻人或者是老弱者，抑或是婴儿，他们都毫无怜悯之心”。（引自Charles Halperin著*The Tatar Yoke*）。然而塞拉皮翁以及其他宗教领袖们都认为，俄国人自己对此也应负有一定责任。他们认为蒙古的征服，是上帝来惩罚俄国人所犯的罪孽。

俄国大公们保留有大部分地方上的权力，不过蒙古人也从未让大公们忘记，他们都得臣服于可汗。大公们不得不前往金帐汗国都城萨莱，或者在直到1259年之前奔赴哈喇和林，接受敕令。获得敕令文件，就意味着大公们拥有统治的权力。许多大公似乎在出发前都已拟好遗嘱，因为他们并不知道自己是否可以在这趟行程中幸存下来——或者是在觐见蒙古统治者

关联

税赋语言

随着税赋制度的运行，蒙古人将几个新的词汇引入俄语。“货币”（denga）的俄语词汇就来自蒙古语“印”（tamga）。“tamga”是代表商人完税之后的一种政府印章。俄语词汇中的征税地点“海关”（tamozhina），也源于相同的蒙古语词。这些语词仍在今天俄罗斯人中使用。

◄俄国大公亚历山大·涅夫斯基在诺夫哥罗德城拥有自己的堡垒。通过为蒙古统治者效力，他为自己的家族获得了财富与权力。

的时候仍可以幸存下来。

尽管俄国大公们对蒙古统治者心怀畏惧，不过他们仍利用蒙古征服来为自身谋取利益。亚历山大·涅夫斯基忠诚于拔都与别儿哥，这使得他在俄国诸大公们中间获得了更多的权力，这也有助于他为自己和家族创造财富。大公们也利用他们与蒙古人之间的关系，来控制当地的民众。理查德·派普斯在其《旧政权统治下的俄国》一书中写道："一位大公……只要威胁招来蒙古人，就能让人们服从。"

有些俄国大公还使用暴力来维持统治秩序。与处罚有关的蒙古语词，成为俄语的一部分。"Nagaika"是指一种鞭子，而"kandaly"则是锁链。这两个词语皆为进入到俄语中的蒙古语词，而且没有任何变化。在蒙古人的统治下，俄国人第一次拥有死刑刑罚，汗国用死刑来对付那些不忠诚的大公。

尽管金帐汗国的统治带来暴力，但是俄国人还是感受到了一些经济上的好处。有了蒙古人的保护，俄国商人可以前往里海和黑海地区，与波斯人和突厥人进行贸易。俄国人出售皮毛和谷物，而皮毛贸易也使莫斯科成为一个主要的城市。货物还通过金帐汗国的领地，流向埃及。贸易商品包括玻璃、陶器以及奴隶。因为蒙古人可以从中征收贸易税，他们一如既往地鼓励国际贸易。

从14世纪开始，莫斯科（也被称为Muscovy）逐渐发展成为俄国的军事与政治权力的中心。即使在莫斯科大公有能力摆脱金帐汗国的统治之后，他们仍旧保留了部分蒙古的赋税征收、组织政府以及军队管理的方式。蒙古的影响一直持续到17世纪晚期，当时俄国沙皇彼得大帝，清除了那些基于蒙古惯例的制度，并用欧洲的政府模式来取代那些旧有的制度。

察合台兀鲁思的蒙古人

历史学家们对察合台兀鲁思的了解，相较于其他几个蒙古汗国而言，要少许多。这块区域在很大程度上仍保持着游牧，蒙古人或是被击败的当地居民，都没有详细的书面记载存留下来。甚至汗国的确切边界也至今不明，虽然它包括河中地区和七河地区（今天的乌兹别克斯坦、塔吉克斯坦、吉尔吉斯斯坦和哈萨克斯坦的东南部），以及属于今天中国西部的新疆西部地区。

察合台与其后裔们，并未像蒙古人在中国和波斯那样，接管一个庞大且原先就已建立的帝国。察合台诸汗也没有一个真正意义上的都城，一般而言，他们并不重视帝国的城市。当他们召开忽里台时，蒙古首领们通常会在位于今天乌兹别克斯坦的阿力麻里城碰头。其余大部分时间，首领们则沿着从中国西部流入哈萨克斯坦的伊犁河，过着游牧的生活。

13 世纪后半叶，察合台兀鲁思由海都所控制，他并不是察合台的直系后裔。海都试图控制他认为属于成吉思汗家族分支的领地，这块领地曾由窝

蒙古的毁坏

察合台兀鲁思的征服战争以及随之而来的蒙古统治，对中亚地区不同城市产生了不同的影响。有些城市被摧毁，不过在紧接其后的和平时期又最终得到重建。

然而，梅尔夫城是遭受破坏最为严重的地方。这座城市位于今天的土库曼斯坦，它曾一度被认为是人类最早的发源地。在穆斯林的统治下，这座城市又成为学问的中心。然而，蒙古人杀光了城里所有的居民，周围的农场则很快荒芜。

今天的玛利亚城就位于古梅尔夫城，梅尔夫城再也没从蒙古人的破坏中得到恢复。

阔台汗所建立。海都的影响力，也迫使察合台汗国与其他蒙古人开战，同时这又点燃了察合台兀鲁思的内战。不过，海都也带来一定程度的稳定。他抵御来自北方的非蒙古游牧民，并且重建一些城市。

察合台兀鲁思直到笃哇（死于 1307 年）统治时期，才完全脱离海都的控制。有些历史学家认为，笃哇是察合台兀鲁思最伟大的可汗。他曾试图将合赞汗在波斯地区推行的改革措施，引入察合台兀鲁思。就总体而言，察合台的统治者们都遵循蒙古《大札撒》以及传统的政治方式，至少在 14 世纪皈依伊斯兰教之前，他们一直如此。直到那个时候，只要缴纳赋税，蒙古人还是给予察合台的穆斯林们以很大的自由行事权。穆斯林的地方官员，处于蒙古或突厥官员的监督之下，管理着汗国的定居地区。

中亚的蒙古人试图将他们兀鲁思内的农场转成适宜放牧的牧场。地方官员们则劝服蒙古人，将土地用于农耕将会带来更多的税收，因此蒙古人也就放弃了这一计划。然而，在有些地方，蒙古人的这种转变并没有发生。叙利亚地理学家乌马里（死于 1348 年）将其游历突厥斯坦的见闻记载下来（引自Svat Soucek著*A History of Inner Asia*）：“你会……发现建筑耸立在那儿，除了一些游牧民外，几无人烟，也没有任何农作物……在那里能看到的绿色植物，只有……无人播种或种植的草原植被。”

由于察合台兀鲁思的草原地貌以及它的游牧价值观，与其他汗国相比，他们很少有贸易。大部分的经济活动，都集中在蒙古最初入侵时所幸存下来的少数几座城市里，例如撒马尔罕和布哈拉。一些更小的城镇也充当过商业中心，如阿力麻里和别失八里。丝绸之路将察合台汗国与东亚和西亚的主要贸易中心连接了起来。

第五章

蒙古帝国的日常生活

▲一些蒙古家庭仍然赶着畜群从一片牧场迁徙到另一片牧场。许多蒙古人仍然生活在蒙古包——便携的家中。

成吉思汗时代，蒙古人生活的重心是牧群。由于气候严酷，雨水稀少，农业耕作在草原上几乎是不可能的。一个家庭、部族或氏族，日常生活所需，都得依赖于动物。

牧群必须在草原上转场移动，以便能获得足够的草料放牧牲畜。这便是蒙古人为游牧的原因。蒙古人最重要的动物是羊和马。羊可以提供食物（包括肉和奶）、制作衣物的羊毛，以及燃料——羊的粪便干燥、易燃。蒙古人从羊身上获取的食物和衣物，不仅满足他们自己的需要，还将它们作为货物与定居地区的人们进行交换。蒙古人与农民和商人贸易，以换取谷物、衣物和奢侈品。

马匹是蒙古人交通运输最主要的来源，而且在蒙古军队获取战争胜利中，起到十分重要的作用。马匹也可以提供奶制品。经过发酵之后（混合了酵母），这种奶就变成一种烈度适中的酒饮品，被称作马奶酒。随着帝国越来越富裕，可汗们还会购买大量度数高的酒，如由葡萄或大米所酿造的酒。蒙古人常喝这些烈性酒。实际上，有些历史学家认为，有些蒙古统治者英年早逝，就是与酗酒有关。

在蒙古人最初的起源地，他们在广袤无边的草原上度夏，冬

▲ 草原上的午餐时间，这是居住于蒙古包里的一对现代蒙古夫妻在吃午餐。

天则躲进山谷中。他们游牧的范围大概在100英里左右。如果一块草场无法提供足够的牧草喂养牧群，蒙古人便会袭击其他的部落或者是外族人，夺取他们的牧地。

在草原上，蒙古人居住在一种叫作蒙古包的帐篷里（欧洲人称它们为圆顶帐篷）。羊毛制成的毛毡，搭在木头框架上。蒙古包呈圆形，中间留有一个洞用来采光，并有充当烟囱的功能。地上则铺着动物皮毛。蒙古包里头一分为二，一半给男人，一半给女人。

蒙古包因为拆建起来都很容易，所以他们可以毫不费力地迁移。卡尔平尼写道（《我们称之为鞑靼的蒙古人的历史》）："（蒙古人）不管什么时候，无论是去打仗，还是到其他什么地方，他们总是带着自己的家眷。”在蒙古帝国时代，蒙古人还将更大的蒙古包搭建在马车上，这样一旦移动起来就不需要拆卸。

有一些住在靠近戈壁沙漠的蒙古人，还使用一种叫作迈克罕的帐篷。迈克罕帐篷比起蒙古包来更呈方形，并且它由杆子来支撑毡帐。这些帐篷从未用于居住。相反，它们是用作娱乐或者其他特殊功能的场所。

食物与服饰

蒙古的男人和女人穿着类似的衣服，一种被称作“递尔”的长袍。长袍里填塞着软毛，用于御寒。长袍用一个腰带束住。长袍外面一层，通常是由丝绸制成的。穷人则用羊毛或者棉花，缝制他们的衣服。

在递尔里面，蒙古人还穿有裤子和汗衫。天气寒冷的时候，他们会穿由毡或者毛皮制成的大衣。脚上则会穿上厚厚的袜子和由皮革制成的靴子。在非常冷的时候，他们则穿着用毡制的靴子。

男女服饰的一个主要区别是帽子。男人通常戴皮制的帽子，帽子边侧下垂，遮住耳朵。富有的妇女，则戴着又高又华丽的帽子，称作孛黑塔。这种帽子上装饰着羽毛和珍珠——比较难

关联

没有烤肉

在缺乏生活燃料的情况下，蒙古人会吃生肉，他们将肉剁碎，拌入大蒜。欧洲的厨师们将这种吃生肉的蒙古风味，命名为鞑靼牛排，将生牛肉切齐整，再拌上各种调味料。

蒙古人会将许多肉都放在明火上烘烤食用。即便后来混入了亚洲定居民文化之后，他们仍继续保持这一传统。但是，蒙古人并没有引进所谓的蒙古式烤肉，这种烤肉在今天美国的一些餐馆中可以看到。在这些餐馆里，用餐者选择各种各样的肉和蔬菜，放入一个大锅中用油烹制。

这种烹饪方式其实是中国人的发明，和蒙古人并没有关系。在中国，肉和蔬菜放在一个特制的锅中，锅中间置有一个锥体，用来装燃烧的木炭。这种锅里有一环形外圈，装着沸汤调味。食物就放到这个沸汤中煮熟。

以获取的物品，这些物品只能通过贸易交换获得。卡尔平尼记载称（在《我们称之为鞑靼的蒙古人的历史》一书中），只有已婚的妇女，才可戴孛黑塔。这样便很难区分未婚女性和男性，因为未婚女性不戴孛黑塔，而其他的装束则跟男性服装一模一样。

蒙古的基本食物是奶制品和肉，这些食物要么来自牧群，要么来自打猎中所捕获的诸如兔子与飞禽等动物。男人有些时候还会去抓鱼。

有些肉被置于太阳下风干，保存和制作都比较方便，这样便于在马背上食用。带有些许肉的骨头，则放到汤中去煮，这被称作“苏伦”。后来这个语词便被用于形容一锅炖菜，包括汤、肥肉、谷物以及豆类。种植的食物，则包括各种种子、浆果、水果以及蘑菇。

在蒙古征服之前，具有典型性的一餐通常仅限于煮肉和奶制品。但是随着帝国的发展，新食物被引进，例如烘烤的肉以及由谷类制成的菜肴。这些食物中许多来自中亚的突厥民众那里。蒙古人也喜欢上了来自中国和波斯的菜肴。

在汗国时代，普通民众要向大汗家族以及其他首领提供食物。平民们则食用自己栽种的没有上交给蒙古贵族的农产品。他们还食用那些通过出售动物或皮毛而换来的食物。至于奴隶，鲁布鲁克在其著作《鲁布鲁克东游记，1253-1255年》中写道，他们“满腹所饮全是脏水，不过却心满意足”。奴隶们还抓各种鼠类充饥。

关联

冰淇淋和蛋糕

在蒙古人已征服的土地上，他们引进了一些新的食物。一种叫作冰冻果子露的水果甜点，就是由忽必烈汗统治时期居住在中国的基督徒们所发明的。忽必烈非常喜爱这种冰冻甜点，他甚至设立一个冰冻果子露制作匠的官职。这道甜点随后传入伊利汗国，在那里也变得广受欢迎。今天，这道甜点已风靡全球。

中亚地区的一道突厥-蒙古菜，就是一款与果仁蜜饼类似的油酥点心，这种油酥点心的特点是有多层坚果、香料和糖。而“果仁蜜饼”这个词似乎源自蒙古语词bakla，意思是“一层层的堆积”。蒙古人也许将这道甜点引入到中东以及他们所征服的其他地方。

▲蒙古人生活的重心围绕着放牧羊马而展开。羊可为人们提供食物、衣服和燃料。马则可提供运输和奶。牧马放羊，仍是现代蒙古许多人的一种生活方式。

男人、女人和儿童

在日常生活中，尽管蒙古的男人和女人各自都有许多特定的家务，但也共同承担着许多项职责。例如，女人们负责支拆帐篷，缝补衣物，还将牛奶制作成其他各种奶制品，如芝士和奶油等。在休战时期，男人最重要的工作就是制作各种工具和狩猎。男人不得不自备军事装备，包括马鞍和马镫，他们还要负责照料自己的马匹。

蒙古的男人通常有许多妻子，有些时候他们还会从邻近的部族中抢夺妇女。据说成吉思汗有上百位妻子，不过他与第一位妻子孛儿帖总是异常地亲密。家族通常会在年幼的孩子们中间包办婚姻。统治阶层的父母之所以这么做，是为了建立能持续数代之久的政治纽带。

年幼的成吉思汗在他 9 岁的时候，就通过这种方式获得他的第一位妻子，尽管他们真正的婚礼要在 6 年以后才举行。按照蒙古的传统，成吉思汗——在那个时候仍叫铁木真——带着他未来的妻子，离开了她的父母。

在蒙古帝国建立以前，蒙古孩童并不去上学。蒙古人一直都没有书面的语言文字，迟至成吉思汗之后才引入一种书写文字，因此在这以前，蒙古人不需要学习如何阅读与写作。孩童们只需从他们的父母那里习得所需的技能即可。对于男孩来说，最重要的技能是打猎和箭术。女孩们则要留心观察，她们的母亲是如何操持着各种专属妇女的杂务。

蒙古统治者们受到波斯和中国文化的影响之后，他们的教育方式也随之发生改变。富有的家庭延请家庭教师，教导他们的孩子去如何阅读，以及如何说当地的语言。穷人则仍旧只是教会他们的孩子长大以后所需的各种技能。

被征服地区的生活

处于蒙古统治下的欧洲人与亚洲人的生活条件，取决于很多事情。那些能为可汗提供所需技能的人，普遍会受到优待。穷人和没有技能的人，则会面临困境，这与他们处于各地君主与王公们压迫之下的困境一样。

纵观整个 13 和 14 世纪的世界，大部分统治者们都明白，农民是作为一个赋税和资源来源的阶层，而不是享有权利的公民。曾经有过一段时期，大部分欧洲和亚洲的民众都过着贫穷的生活，而国王以及王公们则主宰着整个社会。

在中国，忽必烈建立四等人制。蒙古人很显然是统治阶层，尽管他们所占的人口比例很小。忽必烈的绝大多数谋臣，都来自外来人群，他们属于第二等级的阶层。而最底层的两个阶层，则是北方汉人和南方汉人。这两个阶层为忽必烈政府提供大部分的资金和劳力。

忽必烈迫使汉人农民为他建造宫殿以及诸如大运河这样的工程。然而，他也试图帮助汉人农民。在蒙古征服战争结束之后，农民耕地曾惨遭破坏。忽必烈禁止蒙古人在仅存的农田上放牧，由此使得农民们可以继续生存下去，并且可以支撑整个帝国。忽必烈通过减少赋税的方式来帮助农民，而且他还将谷物分发给那些买不起食物的穷苦汉人。

在农村地区，蒙古人保留了传统中国的“社”，村社制度是将50户农民家庭编成一组。元朝政府认为，要是农民们能一起劳作的话，可以更快地改造被损毁的土地，并能够提高农作物的产量。南方的农民主要种植大米和茶叶，北方的农民则种植大麦、小麦和棉花。汉人农民也还种植水果和蔬菜。还有些农民植桑养蚕，生产丝绸。“社”还为农村居民们提供初级学校，在那里，小男孩们可以学习到耕作技术，还可学到阅读汉语的基础知识。

在城市里，忽必烈汗还需要一些有技能的工匠和商人。诸如珠宝工匠与纺织工匠等，他们从政府那里获得衣食，并且还可以将自己的货品拿到市场公开出售。

由于蒙古人鼓励贸易，所以商人们收益颇丰。传统的汉人统治者们认为，经商是一种不光彩

血亲兄弟

年轻的成吉思汗有一位“血亲兄弟”。当铁木真11岁的时候，他与朋友互换礼物，这也意味着他们对彼此的承诺。游牧的血亲兄弟通常会歃血为盟——将几滴血混到杯子里，随后将其喝尽。然而，并没有记载显示铁木真这样做了。这些选择都由年轻的男性自己做出。不过对于蒙古人而言，选择血亲兄弟，并不仅仅只是孩子们的游戏。接受血亲的兄弟，就建立起一种“安答”的关系，这种关系将两个人团结为一体，作为他们成年时期的政治和军事上的同盟。

的职业，并且将商人视为贪婪。蒙古人为商人提供无息贷款，并且取消以前对商人利润所施加的限制。

在蒙古人的统治下，城市充满经济活力。马可·波罗经常提到商人、食品商贩以及正在工作中的工匠的数量。在城市“行在”（Quinsai，今天的杭州，位于中国东部沿海），他描写道（《寰宇记》）：“……在每个集市的日子里，所有的……广场都挤满了人，商人们用手推车或船运来各种货物，并且所有的货物最后都被一抢而空。”

伊利汗国的生活

蒙古统治波斯及其周围地区的最初几十年，给当地民众带来了巨大的变化——这些变化绝大多数都是不好的。尽管有些游牧突厥人，在蒙古入侵

一个国际化的社会

在忽必烈汗的统治之下，中国社会呈现出一种国际化的色彩——当时，很可能比任何其他国家都要更加国际化。蒙古的征服涉及许多国家和民族，忽必烈欢迎能帮助他壮大帝国的任何人来到中国。

绝大多数人是来自波斯和中亚地区的突厥民众和穆斯林。忽必烈的军队里还包括阿速人，他们是来自南俄草原的居民，并且皈依东正教。马可·波罗是我们所知的唯一一位效力于忽必烈的欧洲人。不过，在以前诸大汗的统治时期，许多欧洲工匠在中亚地区工作。这其中包括一位来自法国的金匠师尧姆·布歇。他以设计哈喇和林宫殿中的一座喷泉而出名。这座喷泉像一棵树，喷泉中注满了红酒和马奶酒。

糟糕的餐桌礼仪

最初许多关于蒙古习俗以及日常生活的报道来自恐惧或者厌恶蒙古人的那些人。西蒙·德·圣-康坦是一位法国修士，他在1240年代游历了蒙古统治的地区。他对蒙古人用餐习惯的描述并不友善。

> 在就餐的时候，他们是最肮脏、最污秽的……他们会舔油腻腻的手指，并且直接在靴子上擦干……他们吃东西前既不洗手，饭后也不洗碗……他们像狮子一样吃人肉，大口吞食用火烤的、浸满油脂的人肉。一旦他们将某人视为敌人或者某人敌视他们，他们就会围聚在某个地方一起把这个人吃掉……那些反抗他们的人也会被吃掉。他们如同地狱的吸血鬼一般，贪婪地吮吸着敌人的血。

西蒙并不是一位合格的历史学家，因为蒙古人其实并不吃人肉或者吸人血。这样的故事在整个欧洲传播开来，对蒙古人的形象塑造并不公平。

来源：

Lane, George. *Daily Life in the Mongol Empire*. Westport, Conn.: Greenwood Press, 2006.

之前就已统治着这片区域，不过这一地区的绝大多数人仍是定居民。战争，以及蒙古人试图将耕田变成牧场的政策，摧毁了当地的农业经济。

与中国一样，在蒙古统治初期，当地的人口急剧减少。许多民众被迫沦为奴隶。一份历史数据表明，蒙古征服之后，阿富汗北部巴尔赫地区的幸存者，只能以猫肉、狗肉以及人肉为食物充饥。

蒙古入侵以前，波斯人拥有繁荣的经济。农民种植玉米、大米以及其他庄稼，他们还生产水果、蔬菜，以及棉花和丝绸。在蒙古人的统治之下，农民们要拼命让自己的田地一年多产。

13世纪末期合赞汗统治时期，这一状况得到改变。合赞的税赋减免政策以及其他计划，帮助了农民。不过，农业产出始终未能恢复到蒙古人统治以前的水平。农民们并没有选择在哪里生活或工作的自由。政府迫使他们待在自己家族一直生活的土地上。并且，也如同在中国一样，农民们还被强迫服徭役，这对于农民的耕种而言，是更为不利的。

到14世纪中期，当地民众又再次扩大耕种各类农作物。遍地种上各类瓜果，许多还远销国外。水果是农业的重要组成部分，它包括无花果、柠檬、桃子、梨和橙子。蔬菜则主要种植在大城市附近。

蒙古的征服给波斯的城市生活也同样带来负面的效应。早期蒙古的贸易重税政策，阻碍了部分城市的重建。不过，在其他一些城市则经营得不错，尤其是在合赞减免一些贸易上的税收之后。一位典型的城市居民，或许可以去做手艺活儿，例如制衣服、制作陶器，或者缝制地毯。相同行业的工匠们，往往聚集在城市的某个特定区域里，一起工作和生活。其他的城市居民，则负责运输或者储藏货物，以便与其他城市进行交换。当地居民还通过为蒙古人工作来挣钱，蒙古人在整个汗国拥有许多的牧场营地。

波斯当地最有权势的人是地主和官员。他们通常在城市之外拥有大量的土地，同时在蒙古统治期间，他们对贸易也开始产生更浓厚的兴趣。地主和富裕的商人，形成上层阶级，而工匠和农民则处于底层。

伊斯兰教对波斯社会的影响，在蒙古统治时

一幅玫瑰色的画

蒙古统治时期，一项繁荣的产业就是鲜花种植的增长，这些鲜花用于提取精油。这些精油用于制作各种药物和香水。玫瑰精油制成玫瑰水，可以滋润干燥的皮肤。今天，伊朗南部的部分地区仍以玫瑰水而闻名遐迩。

期一直持续着。宗教学校通常只向男孩开放，教授宗教和伊斯兰律法知识。然而，在伊利汗的统治下，非穆斯林们却享有比以前更大的社会与政治影响力。

金帐汗国的生活

金帐汗国的统治者们，并未在他们统治下的俄国日常事务中发挥作用。他们最直接的接触就是那些负责征税的俄国官员，以及统治当地的王公。蒙古人接触最为密切的是突厥民众，他们在蒙古征服之前就已迁徙至俄国。

东部城镇上的俄国人是斯拉夫人，他们和东欧的其他斯拉夫人有亲缘关系。对于那些普通斯拉夫俄国人说来，除了被迫征兵之外，他们生活在蒙古统治下并没有多少改变。伏尔加河上游附近的森林地带，从来就不适宜耕种。农民们要先清除树木，然后再不得不面对短暂的夏天，以及质地很差的土壤。许多家庭还需打猎捕鱼，才能保证有足够的食物。他们住在小木屋里，搭建所需的木头来自他们自己所砍下的树木。在一个典型的农村家庭中，祖父母们和他们成年的儿女们，以及孙辈们居住在一起。

沿着伏尔加河往南进一步延伸，那里更适宜农业。伏尔加河与奥卡河交汇的地区，靠近苏兹达尔与弗拉基米尔，吸引了许多俄国居民。蒙古统治时期，这块区域仍是小麦的主要产地。

在俄国相互独立的区域里，土地是财富的主要来源。拥有大片农场的家族，使用奴隶或农民为他们耕作田地。通常，农民们并不需要只在一块土地上耕作，他们可以搬迁到他们所选择的另一个地主那里去耕作。然而，要是欠地主钱的话，农民们就无法离开。因此，地主们就要尽量使农民们一直都处于负债的状态。

当时俄国唯一的一个大城市诺夫哥罗德，是繁华的贸易中心。13世纪，这座城市处于最鼎盛时期，这座城市的商人在欧洲出售毛皮和大麻（做绳索的一种植物纤维），以换取酒和衣物。蒙古都城萨莱的经济也得到发展。许多城市居民从事冶铁（从铁矿石中分离出铁）业，制造铁制品。考古学家们还在萨莱城的旧址上，发现了一些服装店和珠宝店的遗址。

俄国人在金帐汗国的统治之下，从某些方面而言还是受益的。俄国在蒙古人的支持下，加入到国际贸易网络中来，对外贸易随之增长。蒙古在俄国的统治，还促成俄国的统一，建立起一种俄国人的以及民族认同的情感，而非仅仅只是当地王公的臣民。

俄国东正教在民族主义形成过程中起到一定的作用。东正教是唯一一股本土的、主要的力量。俄国民众从教会领袖，以及他们自身的信仰当中，寻找到对抗外来入侵者的力量。早期的历史学家认为，蒙古的入侵完全破坏掉整个俄国的生活，不过最近有历史学家对这种观点提出质疑。约翰·芬内尔在《中世纪俄罗斯的危机》一书中写道："在一个非常短的时期之内，事情就已回到正常，或者几近正常。"

内战

尽管蒙古统治下的俄国人或许已有某种民族主义的意识，但是俄国王公们仍然只是在为权力而互相争斗。在1280年代和1290年代期间，来自同一家族里的王公们，常常会为赢得对更大疆域的控制权而剑拔弩张。由于那海和脱脱蒙哥支持敌对的王公，蒙古军队还曾介入过俄国内战。

察合台兀鲁思的游牧生活

察合台汗国的日常生活，最接近蒙古人所熟知的那种蒙古本土的生活。被征服的民众大多数是游牧突厥人，因而他们同蒙古人之间有着许多文化的相似性。最终，蒙古人彻底融入突厥人中。这也导致一种新语言的诞生，被称作察合台突厥语。

他们的游牧文化基本上没有改变。不过有一个例外就是，蒙古人于14世纪中叶，接受伊斯兰教作为他们主要的宗教信仰。

并非所有中亚地区的本地人都是游牧民，有些是半游牧民。这就意味着半游牧民有一个基本的营盘或村庄，一年中有一段时间会迁移到远方去放牧。在他们固定的居所，半游牧民会耕作，女人则会编制彩色的袋子和毡毯。袋子可以用来装各种东西，或者用来装饰蒙古包的墙壁。

由于中亚的蒙古人仍旧保留游牧的传统，他们几乎忽视了他们统治下的那些城市。但在诸如撒马尔罕和布哈拉这样的地方，那个时候的当地居民，还过着典型的城镇生活。虽然在蒙古征服期间这些城市遭到严重毁坏，不过他们还是慢慢地重建了自己的学校和集市。

蒙古帝国的宗教

在整个中世纪期间，宗教在欧亚地区的政治与日常生活中，起到十分重要的作用。蒙古帝国的各个不同的地区，由基督教（俄国）、伊斯兰教（波斯）和佛教（中国）所控制。

不同的宗教信仰塑造了蒙古可汗们不同的个人生活以及政治决策。当地可汗的信仰，有时决定了究竟采行何种法律，以及与谁为敌的问题。一些宗教领袖给那些不遵从自己教义的人，都贴上“异教徒”（缺少正确的信仰和道德的人）的标签。有时宗教上的差异，也会被用来当作发动战争的理由。

蒙古人最初的宗教信仰是以祖先崇拜为核心。他们保存着祖先的画像，并且祈求祖先灵魂的庇佑。他们相信祖先会化身为山和水的精灵。在所有这些精灵之上的，是长生天（帖卜·腾格里）。大地，则被视为一位古老的祖母。

成吉思汗统治时期，蒙古的宗教是萨满教。人民依靠被称作萨满巫师的宗教领袖，获得宗教的指引。萨满巫师基本上都是男人，不过也有些女性萨满巫师。蒙古人相信萨满巫师具有与众神和精灵沟通的能力。

关联

今天的萨满巫师

萨满教流行于整个中亚和西伯利亚地区。南美和北美土著人中的“药师”也是萨满巫师。尽管藏传佛教是现在蒙古人的主导宗教，但萨满教在包括蒙古在内的当今整个世界中仍然活跃。萨满巫师的权力被视为是可以父子相传的。

史坦利·史都华在《马背上的游牧国度》一书中，描绘了与一名萨满巫师的一次会面，当时这名巫师正进入一种恍惚的状态，并且预测了未来。这名巫师还告诉史都华，沟通神灵其实并不容易：“我时常感到害怕。通往神灵的道路上，充斥着已故萨满巫师的灵魂。”

➤ 一座由石头、枝条和树枝构成的路边神坛，被称作敖包。萨满教信徒和佛教徒都会在这种神坛边上举行各种仪式。

萨满巫师沟通神、人两界。他们能驱魔除恶，并向善灵寻求帮助。他们通常主要的职责是在山上祈祷，以便更接近上天。

蒙古人相信萨满巫师可以利用他们的技能来治愈疾病，预测未来。当成吉思被称为大汗的时候，一名蒙古萨满巫师曾说道（Paul Ratchnevsky在*Genghis Khan: His Life and Legacy*一书中引用志费尼的记载）：“上天告诉我说：‘我将所有大地上的事情，都交给铁木真和他的儿子们……看到他公正的统治。’”

有时，蒙古人会用牲畜来祭祀神灵。为了不让恶灵进入家里，他们会让陌生人从两堆火堆中走过。火堆被认为可以驱除附在客人身上的任何灵魂。家中有人去世时，他们也会在蒙古包里用火堆为亲属驱除恶魔。普兰诺·卡尔平尼记载了一则传闻（《我们称之为鞑靼的蒙古人的历史》），一名俄国王公拒绝从火堆中走过，就向成吉思汗的塑像鞠躬，结果便被马踩死了。

现代历史学家今天认为，那位俄国王公被杀是因为与蒙古人政治上的不一致，而不是因为拒绝履行蒙古人的宗教仪式而死于非命。事实上，说到宗教信仰的话，蒙古人可能是中世纪最为宽容的民众。他们通常虽会接受其他民众的各种神灵崇拜，不过同时也会遵从他们自己的萨满教传统。

基督教

甚至早在成吉思汗统一蒙古各部之前，蒙古人就已与其他宗教有所接触，这主要是基督教和佛教。蒙古境内的基督教徒属于东方教会，这个教会主要是由位于今天伊拉克境内的亚述人所建立。欧洲的基督教徒称他们为聂斯脱里教徒（或称为景教徒）。

亚述基督教徒有一个不同于其他基督教徒的看法，亚述基督教徒认为，耶稣基督本质上既是神也是人。在教堂里，他们使用叙利亚语，这种语言与基督所使用的亚拉姆语更密切相关。

中世纪时，东方教会在亚洲得到传播。东方教会是最早进入印度和中国的基督教的一种形式。有一些蒙古部族接纳了这种基督教。后来成吉思汗家族的一些成员也成为基督教徒，这其中包括旭烈兀和拖雷的妻子。

1254年，当欧洲传教士威廉·鲁布鲁克到达哈喇和林时，他见到那些聂斯脱里教徒，并且记载景教徒在都城哈喇和林有他们自己的教堂。1280年代，东方亚述教会的领袖在伊利汗国站稳脚跟，蒙古统治者时常会向他寻求意见。东方教会的兴起，以及来自亚述传教士的报道，使得一些欧洲人认为，蒙古可汗们已经成为基督徒，或者至少正在考虑成为基督徒。

通过征服和外交，蒙古人初次与罗马天主教和东正教建立起联系，这是中世纪基督教的另外两种形式。罗马的天主教由罗马教皇领导，主导着西欧和中欧。东正教则集中于君士坦丁堡（今天伊斯坦布尔）。东正教主要关

祭司王约翰的传说

基督教徒在中国与中亚地区的出现，给中世纪的欧洲带来了一个极具蛊惑力的传说。许多欧洲人相信，有一位叫祭司王约翰的伟大的亚洲国王是名基督教徒，他会前往中东，帮助十字军打败穆斯林。

其实，历史上并没有祭司王约翰其人。马可·波罗将虚构的祭司王约翰与王汗脱斡邻勒联系起来，他是一位来自蒙古东方教会的真正的基督教王公。马可·波罗在他的游记里花了好几章的篇幅来描绘脱斡邻勒与成吉思汗之间的战争。祭司王约翰还与一位更早期的中亚统治者耶律大石（1087-1143年）联系在一起，他于12世纪建立哈喇契丹帝国。

注的是东欧，包括俄国和中东部分地区。宗教上的差异，有时会引发两个不同宗教信仰统治者之间的政治冲突。

十字军东征时期，这种冲突就在增加。十字军东征始于 11 世纪，并且持续了数世纪之久。在这一系列战争期间，天主教士兵及其领袖们是为了获得对中东地区的控制权而战。这些土地被穆斯林控制着，而它又和主要的东正教国家拜占庭帝国相邻。政治上和宗教上的差异，阻止了天主教和东正教的基督徒们联合起来一起对抗他们共同的敌人——穆斯林。

1220 年代早期，在成吉思汗西征期间，蒙古对基督教的第一次战争发生在格鲁吉亚。欧洲人将蒙古人视为意图控制全世界的异教徒。到这个时候为止，蒙古帝国在整个亚洲已经建立起稳固的统治，欧洲罗马天主教开始派遣使臣和传教士，前往哈喇和林以及蒙古帝国的其他地方。

1245 年，教皇英诺森四世（1243–1254 年）派遣意大利传教士普兰诺·卡尔平尼，背负外交使命前往蒙古。这位传教士觐见了拔都和贵由。然而他们对于皈依天主教并没有兴趣。不过，这两位可汗以及其他可汗们，都欢迎基督教徒作为外交使臣或传教士来到他们的国土上。

大约到 1275 年的时候，西欧的天主教领袖们对蒙古人变得更为友好。他们了解到，亚洲的军队与基督教（也就是所谓的景教）大军，正往西进发。他们希望这些军队，由那些愿意帮助他们与穆斯林作战的人来领导。

金帐汗国主要是与东正教的一个分支俄国东正教打交道。在蒙古的统治下，俄国教会无需交纳赋税。作为回报，牧师要为蒙古统治者及其家族祈祷。然而，蒙古统治者们却并未像在征服时期时对待其他宗教信仰那样，来接纳东正教（或罗马天主教）。在他们统治俄国的最初几年里，蒙古人与俄国人以及他们的教会，保持着一定的距离，他们选择遵循自己的传统信仰。

➤ 元朝时期，蒙古人接受许多汉地的传统，包括佛教在内。这是一尊14世纪来自汉地的观世音菩萨塑像。

佛教

佛教在2500多年之前发源于印度。佛教乃基于佛陀（觉悟者）的教义，佛陀是一位为追寻生命和死亡的意义，而放弃财富的王子。佛陀的信仰，是建立在印度宗教教义的基础之上的，它强调转世轮回。按照佛教的说法，当一个生命死去时，它的灵魂不死，并将在另一个人或者动物身上获得重生。

佛陀超越了这些，建立他所称的“四圣谛”说：1.众生皆受苦（苦谛）；2.欲望是苦的根源，由于我们不理解世间的本质而变得更糟糕（集谛）；3.结束无知与痛苦的方法，就是要断开我们与欲望和感情之间的联系（灭谛）；4.灭欲的方法，就是要遵循佛陀的“八正道”（道谛）。

佛教的目的就是帮助人们解脱生、死与重生这种无休止的轮回。当佛教徒解脱这种轮回时，他们就会认为自己就如同佛陀那样，已得觉悟，并且达到一种称为涅槃的状态。佛教虽有很多种形式，但是它们都有相同的核心信仰。

在蒙古入侵数百年之前，佛教就已经在中国存在。有些时候，佛教还被奉为国家的官方宗教。最早在蒙古人中传播的佛教形式是“禅”，这种中国化的禅宗佛教，至今仍活跃于日本和其他一些国家。

在忽必烈汗的统治下，佛教得到汗室强大的支持。不过，大汗仍遵循着蒙古的习俗，并未将佛教奉为国教。然而，忽必烈的佛教并不是禅宗，或者在汉地普遍信奉的其他形式。他转而寻求西藏的宗教神灵。藏传佛教，有时也被称为“喇嘛教”，源于“喇嘛（lama）”一词，在藏语中的意思是指“上师”。

在中国，佛教徒与起源于本土的宗教追随者们，即道教徒们，为争夺在忽必烈汗朝廷的影响而展开斗争。道教以哲学家老子的教义为基础，还包括一些巫术和算命的要素。最终，佛教徒取得胜利，而其中一位忽必烈最为重要的谋臣之一，就是八思巴喇嘛（1235-1280年）。八思巴喇嘛将大汗与佛教中的圣人结合起来，帮助忽必烈赢得了汉地佛教徒的支持。随后，忽必烈便禁止奉行道教。

在蒙古帝国极盛时期，蒙古人促进了佛教在亚洲其他地区的传播。伊利汗国最早的一批统治者，尤其是阿鲁浑汗，都支持“喇嘛教”并修建佛寺。不过，佛教从来都未成为官方的宗教，因为伊利汗遵循的是对各种宗教信仰皆采取宽容的蒙古政策——就是说，这种支持只维持到合赞汗下令禁止佛教之前。

伊斯兰教

随着蒙古人横跨亚洲向西进发，他们遭遇占主导地位的宗教信仰是伊斯兰教。中东和中亚部分地区，由伊斯兰教领袖所统治。7 世纪时，伊斯兰教在其创立者穆罕默德的领导下，开始逐渐发展起来。穆斯林相信，穆罕默德是上帝派来的最后一个先知，他的教义既是宗教法，也是世俗法。

穆斯林也信仰同犹太教徒和基督徒一样的上帝。不过穆罕默德声称，只有接受他自己关于上帝之言的教义的人，才是安拉（“上帝”的阿拉伯语语词）的真正追随者。

穆穆罕默德及其追随者们赢得了一系列战争的胜利，这促使伊斯兰教从其发源地，即今天沙特阿拉伯境内的麦加传播开来。在他们所征服的那些地方，穆斯林们允许那里的基督教徒和犹太教徒信奉自己的宗教，但是他们并不容许任何其他宗教。蒙古人的到来，则标志着大量的伊斯兰人口第一次不再由穆斯林所统治。

穆斯林们相信，他们怀有一个神圣的使命，那就是将全世界所有的地

蒙古帝国的犹太教

蒙古人通过征服伊斯兰地区而接触到犹太教。犹太教徒曾经数代居住于巴格达等城市，并且有时他们还在当地占有很重要的地位。皈依伊斯兰教的犹太教徒（还有基督教徒），他们在伊斯兰帝国以及后来的蒙古帝国的统治下，都有许多获取成功的机会。

蒙古统治时期有一位杰出的犹太人拉施特，他后来改宗伊斯兰教。如同伊斯兰教地区的许多犹太人一样，他是一名医生，不过后来却成为伊利汗国的谋臣。今天，他作为一名历史学家而广为人知，他的有关蒙古历史的著作，至今仍被诵读。

方都置于伊斯兰教的统治之下。然而，等到蒙古人在亚洲崛起的时候，穆斯林的征服则基本上停顿下来。

尽管伊斯兰教在俄国并不强大，但金帐汗国的可汗们却是最早皈依伊斯兰教的。最终，除元统治下的中国之外，几乎所有的汗国都信奉伊斯兰教。虽然蒙古人皈依了伊斯兰教，但他们仍继续信奉他们的萨满教。然而，随着时间的推移，在蒙古本土之外，传统的信仰也渐渐趋于消失。

在波斯，蒙古人最终认识到，与绝大多数人口保持宗教信仰一致的重要性。他们继续保留着传统穆斯林对于基督教徒和犹太教徒的宽容。但是诸如佛教等其他宗教的信徒们，却丧失了信仰的自由。一旦伊利汗皈依伊斯兰教，波斯的所有佛教痕迹，都被消灭得不留踪影。

帖古迭儿是第一位皈依伊斯兰教的伊利汗。自他以后，每一位波斯（也就是现在的伊朗）的统治者，都是穆斯林。完者都汗，合赞之后的下任蒙古伊利可汗，信奉伊斯兰教什叶派，由此使得这一教派在波斯广为传播。今天，伊朗的统治者和大多数居民，仍是什叶派。波斯和其他地方的蒙古人宗教信仰的改变，使得许多蒙古人接受当地的伊斯兰文化，从而也就失去了他们独特的蒙古传统。

察合台兀鲁思诸汗，是最后皈依伊斯兰教的。第一位皈依伊斯兰教的可汗是答儿麻失里（死于1334年），他激怒了其他仍然信奉萨满教的蒙古人。在一次忽里台上，蒙古宗王们逼迫他下台，认为他不应当将伊斯兰法律取代蒙古法。然而，到14世纪末期，中亚的可汗们都已接受了伊斯兰教。

第六章

蒙古统治地域上的艺术、科学与文化

▲这是1354年有关波斯寓言的叙利亚语著作，被称作《克里莱和迪木乃》。在这一页，一只野兔在与象王谈话。在蒙古统治时期，波斯的图像艺术十分兴盛。

纵观历史，艺术与科学领域中最伟大的成就，往往来源于文化底蕴深厚的地区。在早期以农业为基础的社会里，人们最终发展出农耕的方法，它使得越来越少的劳力投入，就能生产出足够多的粮食来养活每一个人。越来越多的人则有时间去从事其他活动，例如艺术、手工艺、文学创作、教育以及科学与技术。

由于蒙古人这样的游牧民一直迁徙无常，并携带着所有属于他们的财物，他们无法建立博物馆或者大学。当然可以肯定的是，他们也需要掌握许多工匠的技能，并且也需要学习与应用他们的科学知识。毫无疑问，他们也有着丰富的文化与知识的传统。如同蒙古人所证明的那样，一旦游牧民众征服了城市，他们也能欣赏其他文化所产生出来的艺术与知识成就的价值。

蒙古的艺术

在蒙古部落占据蒙古地区的数千年之前，那个地区的人们已在洞穴里描画了日常生活的场景。这些洞穴壁画，被称作岩石壁画，它展示出最初的一种游牧形式。蒙古地区最早的艺术家，在

唱歌跳舞是蒙古节日的重要组成部分。舞者头戴面具，身着华美的服饰，透过舞者的穿戴，可以看出他所扮演的角色。

岩石和其他自然物的表面上绘画，而且他们还创造出大量的纪念性遗迹，被称作“鹿石”。这些鹿石的大小，从 6 至 30 英尺不等，上面以雕刻鹿和其他动物为特征。历史学家们认为，这些鹿石是重要首领和勇士坟墓的标记。

蒙古人之前时代的其他艺术品，包括珠宝、陶器以及毡毯。蒙古人也制作类似的物品，并想方设法来装饰他们日常使用的工具。衣服和其他物品上，就有独特的绣花设计，例如火，就象征着艺术家对未来的期望。大约有7000种象征符号已经为我们所知晓，今天他们仍然出现在现代蒙古艺术中。

蒙古人也会制造乐器和作曲，他们通常是以动物或者游牧生活的方方面面作为题材。乐器包括马头琴，一种用弓来演奏的两弦乐器。最早的马头琴，是用马皮和马的鬃毛制成的。马头琴是用来模仿动物和大自然的声音。蒙古人还发明了其他的弦类乐器，他们还会打鼓，吹奏长笛。最早的蒙古舞蹈，源于萨满巫师进入到与神灵世界沟通时，在恍惚状态（他们似乎没有注意到现实世界的一种精神状态）下所做的动作。

唱歌跳舞是节日的重要组成部分。民众的舞蹈，要么在蒙古包里举行，要么就在蒙古包外面举行。狭小的空间产生出一种舞蹈的风格，即突出手部、头部和上半身的活动，限制腿部的活动。今天，即便有了更多的活动空间，蒙古人仍然在跳这种舞。

蒙古人通过记忆以及口耳相传的方式，将他们的历史和民间故事流传下去。有些谚语的年代，至少可以追溯到匈奴时代。匈奴时代在大约4世纪时结束。最初的蒙古字母直到1206年才出现，当时成吉思汗决定使用回鹘体突厥字母。这种字母乃蛮部早已经在使用，它是被成吉思汗所击败的蒙古诸部之一。文字书写是由上往下，而句子阅读则从左到右，就像英语一样。

唯一一部蒙古帝国所遗留下来的重要作品是《蒙古秘史》（其他的著作也仅以波斯文或汉文翻译的形式保存下来）。历史学家们对于这部著作到底是纯粹虚构的小说，还是将事实与想象混杂在一起的作品，长期以来争论不休。例如，该书开篇写到，最早的蒙古人起源于一只“苍狼”和一只鹿。然而，大多数历史学家都接受，《蒙古秘史》一书中有关成吉思汗生活事件的描述，很可能是准确的。

历史学家们对于该书写作时间的争论，也仍在持续着。这本书的佚名作者（或者作者们）声称，此书完成于鼠儿年。就像汉人一样，蒙古人的纪年历，也是以12年为一轮，每年都以不同的动物名称来命名。这种历法系

▲忽必烈汗将围猎视为一种运动，他还在上都建立起一个大型的狩猎场。

统，至今仍在亚洲许多地区使用。通过考察《蒙古秘史》一书中所提到的其他日期和时间，历史学家认为，这部著作写作的时间最有可能是写于1228年、1240年或1252年这几个鼠儿年当中。

蒙古的技术

通过对自然的探究，反复的尝试和失败，以及向邻近民族借鉴等方式，蒙古人创造出让他们的日常生活变得更为便利的技术。蒙古包便是一个例子，这是一种暖和、舒适而又十分轻便的房子。

然而，蒙古最伟大的成就当中有许多源于战争，例如箭术。蒙古人发展出一种弓，由好几层木料和动物角制成。这种弓与同时代的其他弓相比，需要更大的力量才能拉开。不过，这种弓却又比其他弓有更好的柔韧性，并且也能射得更远。

蒙古人还发明了许多各种不同类型的箭，每一种箭都有特定的目的。有一种短箭，用于围猎小型动物。重箭则是被用于对付穿着盔甲的敌人，在任何情况下这种箭都可以洞穿它的目标。蒙古人还发明一种“鸣镝”响箭，

关联

今天的猎鹰训练术

直到今天，蒙古人仍喜欢猎鹰，尤其是在蒙古的哈萨克人当中。这些突厥语民众生活在蒙古的西部地区。他们仍使用金雕来打猎，它非常类似于马可·波罗所描绘的从地面上抓捕狼的那种鸟。

狩猎者骑着马，猎鹰则蹲在他们的臂膀上。猎鹰又大又重，狩猎者得借助木杆来帮助他的臂膀支撑猎鹰。金雕节已在阿尔泰山区（这是位于中亚的一个大山脉，分属俄罗斯、中国、蒙古以及哈萨克斯坦）举办了200多年。它吸引着众多前来观看放鹰打猎的游客。

古老的训练猎鹰的传统仍在继续。这位现代狩猎者拥有一只金雕。

箭在飞行过程中或击中目标时会发出声响。这种箭用于传递信号。

箭头通常由骨头制成。同样，蒙古人有许多不同的箭头用于不同的目的。小而尖的箭头易用洞穿坚硬的表面，当攻击野兽或者敌人时，厚重的箭头则会产生更大的杀伤力。

狩猎的技能

对于蒙古男人而言，打猎是维持生计的一个重要组成部分。不过，在蒙古精英阶层当中，打猎只是一种休闲的方式和社交的场合。即便蒙古人待在定居社会时，他们也会将打猎视为一种休闲的活动。在夏都上都，忽必烈修建了一个巨大的围猎场。围猎场里水流交错，树木繁荫，小鹿四处游荡。忽必烈也会在野外打猎，并且借助驯狮或者猎豹来打猎。他所猎获的动物包括野猪、熊和鹿。

蒙古人也喜欢放鹰捕猎——用训练有素的猎鹰，去猎取小猎物以及其他飞禽。他们所训练的鸟中包括大鹰隼。马可·波罗在他的《行纪》中写道："尤其是那些被训练成捕狼的鸟，又大又健壮，没有狼能逃脱它们的抓捕。"

汉文化与蒙古人

在蒙古征服以前，他们通过贸易和政治上的结盟，与汉地有过接触。汉人建立起他们的第一个王朝，大概是在铁木真获取大汗头衔的1500年之前。纵观他们的历史，汉人长于各种形式和风格的文字作品，尤其是哲学。

甚至早在第一个汉人王朝之前，一群伟大的思想家就制定了一套社会和政府的规则，这套规则仍继续影响至蒙古及其以后的时代。这些思想家中最为重要的是孔子。他教导说，每个人在社会中都会有其特定的角色，应该接受每个人所处的位置。在这个角色里，人们有义务依道德行事。就如每一位臣民都有义务服从统治者，而统治者则必须公正地加以统治。

孔子的思想，有助于在汉地形成一种培养政府官员的体制。忽必烈对于政府中的汉人官员持有戒心，不过儒士们仍然在为蒙古人服务。这些汉人官员寄望于自己能让蒙古人接受汉文化，或者统治不那么地严厉。

儒士们试图让忽必烈明白他们的信念，不过因为忽必烈有限的汉文化知识，使得这一切变得困难。然而，忽必烈汗确实让他的次子接受儒家学说，以及汉文化的其他方面的教育。为进一步加强蒙古人与汉人之间的关系，并且进一步促进蒙古人的教育，忽必烈下令将部分儒家著作翻译成蒙古语。忽必烈还批准设立国史馆，以记录蒙古人在汉地的统治。

在中国成为东亚主导国家的整个历史中，统治者都是支持艺术的。在忽必烈以及他的蒙古继任者的统治下，这种支持依然在延续。忽必烈喜欢戏剧，许多戏剧在他的皇宫里上演。在他统治的时期，城市剧院里吸引着大量的民众。元代戏剧将短剧或小品，与歌唱和舞蹈融合到一起。戏剧表演还包括滑稽戏和杂技。

在忽必烈的统治下，相较于宋、金时代，演员与其他表演人员拥有更高的社会地位。蒙古人似乎也并不限制剧作家创作什么题材在舞台上表演。在原有的儒家体系下，剧作家来源于受过良好教育的政府官员阶层。忽必烈不实行科举考试，任何人都可以编写舞台剧本。忽必烈统治时期，剧作家和小说家也有更大的自由，他们可以使用日常生活的习语加以创

持久的创造性作品

蒙古统治期间，汉地创作的剧本有超过150部留存到今天，相较于此，那个时代所创作的剧本，至少有450部未能存留下来。元代的蒙古戏剧表演，则形成各种各样的歌舞剧，今天仍在中国上演。

关联

《望江亭》

关汉卿（约 1240–约 1320 年）是元代剧作家的领军人物，也是中国最伟大的剧作家之一。他的剧作反映出他所处时代的社会状况——尤其是妇女所面对的问题。

以下这段摘引来自剧本《望江亭》。谭记儿是个年轻的寡妇。她由道观白观主撮合，嫁给了观主的侄子白士中。白士中为潭州知州，谭记儿要白士中承诺为官公正。

权贵杨衙内想纳谭记儿为妾，为了除掉谭记儿的丈夫，杨衙内向皇帝禀告白士中玩忽职守。皇帝给杨衙内以金牌，可取白士中首级。

谭记儿和白士中识破了这个诡计。谭记儿决定去会杨衙内，扮作渔妇卖鱼。在这一幕中，她灌醉杨衙内，并请杨衙内作一首诗。

> 谭记儿：妾身难得遇着相公，乞赐珠玉。
>
> 杨衙内：有，有，有。张稍，将纸笔砚墨来！
>
> 谭记儿：相公，表白一遍咱。
>
> 杨衙内（云）：夜月一天秋露，冷风万里江湖。好花须有美人扶，情意不堪会处。仙子初离月浦，嫦娥忽下云衢。小词仓卒对君书，付与你个知心人物。
>
> 谭记儿：花底双双莺燕语，也胜他凤只鸾孤。一霎恩情，片时云雨，关连着宿缘前注。天保今生为眷属，但则愿似水如鱼。冷落江湖，团人月，相连着夜行船去。
>
> 杨衙内：妙、妙、妙！你的更胜似我的！小娘子，俺和你慢慢地再饮几杯。

杨衙内和仆从都醉了之后，谭记儿偷走杨衙内的金牌和宝剑。当杨衙内要去抓捕白士中的时候，他发现自己已没有了皇帝的许可状——只剩几首诗文。谭记儿戳破杨衙内的诡计，并且御史表态，杨衙内将丢官去职。

来源：

Selected Plays of Guan Hanqing. Silk Pagoda. Available online. URL: http://www.silkpagoda.com/catalog/product_info.php?products_id=600. Accessed October29, 2008.

作，而并非一定得使用当地汉人统治者所认可的正式语言。

在忽必烈统治期间，中国出版的书籍比以前诸王朝统治时期都要多。1269 年，忽必烈设立一个政府机构，出版印刷各类书籍，他还将田土赐予一些学校，以便这些学校能使用田赋收入来出版各种书籍。

一般而言，汉人对小说并没有多大的兴趣。他们更喜欢诗歌和散文，但这两类文体形式，并没有从蒙古人那里获得同戏剧和小说那样多的支持。等到蒙古人进入汉地的时候，中国诗歌和散文已受到数百年古老传统惯例的束缚。诗歌、散文的创作，也遵循着人们所熟悉的儒家思想观念。然而，对于蒙古人而言，这些非常正式而又晦涩难懂的文学形式，并没有如叙事体的戏剧和小说那样有趣或有意思。不过，忽必烈及其继承者们，也确实会邀请诗人进入皇宫。

蒙元的视觉艺术

忽必烈以及其他的蒙古统治者，对于汉人臣民在装饰艺术方面的技能十分欣赏。中国拥有杰出的画家、雕刻家以及瓷器制造者的历史十分悠久。他们在象牙、翡翠以及一种由亚洲树汁所制成的漆器上，雕刻复杂的图案。汉人工匠还会生产由丝绸和棉花制成的色彩斑斓的丝织品。这些丝织品有些被用于制衣，有些则被挂于墙头，作为装饰艺术。

蒙古人对于汉地的视觉艺术，并没有做出特别的贡献，但是好几项重要的进展，都是在他们的统治时期所取得的。一些受过良好教育的儒士，因为入仕途径被阻塞，他们就转而以艺术为生，或者以艺术表达自我。在元王朝统治时期，一种被称为“文人画”的绘画风格首次出现。汉语的意思就是“有文学修养的人的绘画”。这些作品由受过良好教育的业余艺术家所绘制，主要也是为了迎合同样受过良好教育的人。文人画艺术家通常对于自然场景的描绘十分精细，这也是因为寄予了他们自身的情感。

文人画艺术家的工作，不同于“官方”艺术家们所作的绘画，这些官方艺术家在南宋画院接受过训练。传统绘画关注于肖像、宗教主题以及日常生活的场景。忽必烈朝有一位汉人画家赵孟頫（1254–1322年），以画马著称，这一主题很得蒙古人欢心。

蒙古人统治时期，雕塑艺术倾向于传统的主题。大多数雕塑作品由佛

关联

旧书写形式的回归

蒙古文字从成吉思汗时代到1942年，一直在使用。当时，蒙古处于苏联的影响之下。苏联官方迫使蒙古人使用基里尔字母来书写他们的语言，基里尔字母是由俄国所发展出来的。到1990年的时候，仅有10%的蒙古人，而且大部分是老年人，仍能阅读蒙古文字。不过，在蒙古部分地区——后来成为中国的一个地区（被称为内蒙古），蒙古文字则保存了下来。当苏联在1990年代初期解体的时候，传统蒙古文化的许多方面，在逐渐地恢复。在过去的几年时间里，蒙古国政府已开始在学校里教授传统的蒙古文。

蒙古文字正在逐渐恢复。

教徒所购买，主要关注的是宗教主题。雕塑家用石头、木材或者铜器来雕刻图像。艺术家们也雕刻浮雕——三维的图像，从平面跳跃而出。

忽必烈统治时期，南方和北方汉人的艺术风格趋于融合。他的统治也有助于将中国的影响带到其他地区，例如波斯，而且国外的艺术元素也被引入到中国。

西藏给帝国带来一个很重要的影响。阿尼哥（1244-1306年），是出生于尼泊尔的一位藏传佛教的艺术家和建筑师，他的艺术才华给八思巴喇嘛留下了深刻的印象。八思巴将阿尼哥带到忽必烈身边，忽必烈敕命他在上都和大都修建佛寺和其他建筑。阿尼哥还会铸镂黄金珠宝，忽必烈最后任命他为掌管汉地工匠的总管。西藏对汉地艺术的影响，包括对宗教人物佩戴首饰以及其他五颜六色装饰品的刻画。

蒙元的科学与技术

蒙古帝国广阔的地理疆域，有助于将新的思想观念带到中国。与此同时，蒙古人也将中国的技术带至西亚地区。一项很重要的中国技术就是印刷术。中国最早的一批书，是由木板雕刻字符而印刷出版的。将每块雕版蘸上墨汁之后，印刷工匠就将它印到纸上。

一项新的制瓷术

元代一项很重要的艺术创新，就是青花瓷的出现。尽管帝国的陶瓷工匠有很大的自由去创作他们自己所喜欢的陶瓷，但这种青花瓷制作技术的进展，并没有得到皇室的直接支持。独特的青花风格，后来在中国流行了数百年之久，一直到晚明。

雕版印刷在中国使用了好几个世纪，历史学者保罗·D. 布尔勒认为，蒙古人很有可能将这种技术带到了中东。正如本章前文所述，忽必烈鼓励汉地的印刷。这有助于将汉地的文化，延续至元王朝之后的其他朝代。

忽必烈的许多个人的或政治的决定，都依靠占星术。忽必烈和其他的蒙古人都想预知未来，以帮助他们做出决定。据马可·波罗记载（在《马可·波罗行纪》中），首都大都有“大约5000名星占术士”，他们可以“预知某月打雷和下大雨，而某月又会发生地震”。

为帮助他的占星术士，忽必烈在大都建造大型的天文观测台，在这里，天文学家可以计算出恒星和行星的位置。这些天文学家将真正的科学知识与占星术结合起来。许多最有学问的占星术士或者天文学家，都是波斯人。中国天文学家郭守敬（1232-1316年）以波斯历法为基础，制定出准确的历法。

创制历法为何如此困难?

早期的人们对于每个月是根据月相来区分的，而对于年则根据太阳的活动和季节的变化来加以区分。由于12个月相加到一起仅有354天，然而一年至少是365.25天，月亮圆缺、太阳运动以及季节变化并不完全同步。

不同的文化用不同的方式解决这个问题。在古罗马，恺撒大帝接受埃及天文学家的建议，设计了一种历法，不考虑月相，只根据太阳的运动。这个恺撒历法就是我们今天所使用的公历原型。穆斯林使用一种阴历，仅注意月亮的变化，而不考虑太阳的运动。因此，新年通过四季缓慢地循环往复。

中国的历法则既考虑月亮的变化，也考虑太阳的运动，不过它使用一种复杂的数学公式，每隔数年增加闰月，以此来加以平衡。蒙古人也采用这一历法体系。

蒙古人征服各地之后，他们转而向外界学习医疗知识。在早期的游牧岁月里，蒙古人主要依靠萨满巫医来给他们治病，巫医们主要使用草药救治病人，同时又求助于精神世界的神灵。他们接触到更多来自汉人、藏传佛教徒以及波斯穆斯林们的科学方法，来治愈他们的疾病。忽必烈建立了一座大型的医学院，那里存放有刻于石板上的中医典籍。

中医是基于这样一种理念，即身体充满一种特殊的能量，被称作“气”。气受阻或失衡，就会导致疾病。医生使用草药和针灸，以试图恢复气血的通畅和均衡。使用针灸时，医生会将极细小的针，插置于病人身体特殊的点上。中医医生同样也会给动物施以针灸。就在元朝结束不久之后的一份文件材料显示，针刺疗法也用于治疗马匹。

波斯人给中国的医生带来新的草药，一本穆斯林医书讨论了如何治疗烧伤、动物咬伤以及其他伤口的问题。这种互相的交流，也有其他的方式。旭烈兀似乎将中医术带到了波斯地区。

对于蒙古人而言，波斯和中国的科技，在战争当中的影响是最为巨大的。尽管历史学家不能确定，火药在什么地方首次用于战争，但他们知道，中国人在公元1000年的时候，就使用火药来制作烟花。中国人也使用火药来制作手雷，不过他们或许是从叙利亚穆斯林那里，学会了如何使用这种小型的爆炸物。此外，中国人拥有发射燃烧着的箭头的简单枪械。蒙古人使用所有这些武器，并且他们很可能是最早使用大炮的人，这种大炮也是由他们的汉人技师所设计制造的。

热气球

蒙古人从汉人那里借鉴了另一种军事理念，并将这一理念运用到1241年他们对欧洲的入侵当中。中国人研制出第一个简单的热气球。在波兰利格尼茨城，蒙古人使用一种形状像龙一样的东西，作为其军队的标志。后来，欧洲的科学家们开始探索使用热气将人带离地面的设想。第一次飞行将人带上天空的气球于1783年出现在法国。今天，热气球运动员仍然以离开地面上升来进行比赛，长、短距离的热气球旅行，都可饱览美丽的乡村山色。

关联

宋代似乎已开发出最早的地雷，试图阻止蒙古人的入侵。使用这种武器的时候，敌人常被某些诱人的物品引诱到地雷边上，例如遗弃的武器。当敌军士兵接近这个物品时，就踩在这种装置上，这种装置地下的导火线就会被点燃并引爆火药。

蒙古统治时期，汉人技师还发明了水雷。一颗炸弹置于膨胀的动物皮囊内，并用一炷香作为导火线。炸弹漂浮在水面，靠近敌船，直到香子燃尽，点燃火药。

在汉地的蒙古人，从波斯人那里借鉴设计了弹射机，这种弹射装置既可投掷巨石，也可以投掷正点燃的炸弹。汉人将其中一种弹射机称为“穆斯林石弩”。马可·波罗声称，他看到过蒙古人是如何建造一种被称为抛石机的弹射装置的，而且这种装置在他到达中国前就已在使用。抛石机使用一种丈量系统，可以延伸或缩短发射的范围。

波斯文化与蒙古人

当蒙古人入侵波斯地区的时候，他们才发现另一个有着悠久而丰富的历史文化的国家。第一个波斯帝国大约在公元前 500 年的时候达到极盛，其疆域范围从阿姆河一直延伸至埃及北部地区。紧随其后的两个帝国，也是以波斯为中心地区。

波斯人吸收了诸如埃及、巴比伦和亚述等古代文明的艺术与科技。当波斯帝国逐步衰落之后，它又处于古希腊和古罗马的影响之下。对该地区产生影响的最后一个主要的文化是伊斯兰教。这一宗教在 7 世纪创立之后，很快就进入到波斯地区。

在蒙古人之前统治波斯的是塞尔柱人，他们是已皈依伊斯兰教的游牧突厥人。塞尔柱人统治时期，阿拉伯语（处理伊斯兰教事务的语言）与波斯语，都被采用。最终，波斯语成为国家的官方语言。由于蒙古伊利汗依靠波斯当地的官员处理政务，波斯语仍然是主要的日常用语。根据现代学者阿贝拉拉·桑达瓦尔（《伊利汗的朝廷，1290－1340 年》）的看法，蒙古征服中的波斯官员，也“能吸引蒙古皇室……进入到波斯文学与文化的精彩世界中来”。

伊利汗国的写作艺术

波斯在其漫长的历史中，拥有很多伟大的诗人。在塞尔柱突厥统治时期，有些诗人，写有关个人主题的一本本长诗。有些诗人，则写诗称赞他们的统治者。然而，在蒙古统治的最初几十年，波斯的诗歌艺术趋于衰弱。许多诗人和其他艺术家，或死于入侵，或转徙逃亡至其他国家。

蒙古统治时期，诗歌没有再次获得往昔那般的突出地位。不过，设拉子城躲过了蒙古的破坏，出现过好几位著名的诗人。其中一位诗人是萨迪（约 1184－1291 年），他信奉伊斯兰教的苏菲派。苏菲派认为，一个人必须超脱于宗教生活的条条框框，寻求一种与真主合一的直接体验。萨迪最著名的诗作《蔷薇园》，用诗歌和简短的圣谕，来引导其他人——尤其是统治者——如何过一种美好而又有意义的生活。他在《蔷薇园》里写道：“所有这一切终将逝去，了无痕迹：王位或者幸运，命令或者禁止，获取或者给予。”萨迪指出，权力和财富并非永恒，对于精神生活而言它们并不重要。

尽管蒙古人统治之下诗歌在苦苦挣扎，不过另一种形式的文学却达到巅峰。历史编纂学是一种历史的研究，着眼于寻找不同的原始史料来源。历史编纂学的理念，就是去揭示更早期的历史学家是如何歪曲事实或出现错误的。这是一种专门性的史学史。这类研究需要历史学家去仔细权衡其他历史学家的研究方法和偏见。

蒙古统治时期，波斯学者擅长历史编纂学和通史编撰。雷帕卡在《剑桥伊朗史》一书中说道："有关蒙古时代的主要历史著作，是有史以来伊斯兰世界所创作的最好作品中的佼佼者。"

伊利汗国的历史书写，取决于几个关键因素。其中之一就是，蒙古人认为他们是奉上天的使命来统治这个世界的，因而他们希望自己的统治有良好的文档记录。波斯人也有途径从整个蒙古帝国，获得各种文件。有部分历史学家生活于他们所描写的事件的那个时代，因而他们能够从直接的认识中加强描述和加以引证。正是由于处在这样一个时代，波斯人所写的历史，也是种优秀的文学作品。

蒙古人统治时期，第一位伟大的波斯历史学家是志费尼（1226-1283年）。他为蒙古政府工作，在巴格达任职。他的最伟大的著作是三卷本《世

一位苏菲派诗人

成吉思汗领导的蒙古第一次西征，戏剧性地改变了另一位苏菲派诗人的一生。哲拉鲁丁·鲁米（1207-1273年）出生于波斯东部的边缘地带，今天的阿富汗境内。大约1221年，当蒙古人咆哮般抵达这个地区的时候，鲁米逃到了叙利亚，并随后定居在今天的土耳其境内。

在他旅居期间，他拜会那些塑造了他信念的宗教人物，而这些信念又影响到他的艺术创作。鲁米还创制出一种旋转舞，引导人们通向一种宗教的冥想当中。有些苏菲派教徒，今天仍在跳着这种被称为"回旋舞"的舞蹈。

鲁米的诗歌在西方并不是十分出名，直到最近才有所变化。今天，他的作品经常被那些追寻心灵之路的人们所读到，并常常被征引，这种心灵之路所强调的是对所有人的友爱和宽容，就像诗人那样。

界征服者史》，这部著作是有关成吉思汗与蒙古帝国的历史，它一直记载到1258年。第一卷，详细描写了成吉思汗的崛起，还包括他的儿子窝阔台的简短统治史。第二卷，则侧重于描绘蒙古人在花剌子模和波斯的情况。最后一卷，叙述了1250年代蒙哥的统治。

更为著名的是拉施特（1247–1318年）。他起初是一名医生，后来不但成为一名蒙古的官员，同时也是一位历史学家。拉施特为伊利汗合赞汗效力，合赞任命他写一部有关蒙古人在波斯的历史著作。拉施特远远超过合赞的要求，写下了一部多卷本的著作，并且包括蒙古人在中国和欧洲的历史。

波斯的视觉艺术

蒙古统治期间，波斯人在艺术和手工艺领域，延续了许多原来塞尔柱王朝的风格。在制陶业和其他手工业方面，某些图像很普遍地一直被使用到13世纪末叶。这些图像当中包括星星和星球图，以及人们日常生活的场景。工匠们还从反映波斯统治者的史诗《沙那玛》(即《列王纪》)一书中，选取一些图文并茂的场景加以描绘。

蒙古人丧失对波斯统治的数个世纪之后，伊朗学者们写到，绘画的真正繁荣是在蒙古统治时期。拉施特开办了一所艺术学校，合赞汗以及其他

评判历史学家

志费尼和拉施特的现代读者，必须做出他们自身对于历史的评判。两位历史学家都试图做到公正和准确。然而，由于他们为蒙古人效力，不能过分地批评蒙古人。这或许会影响到他们所写的内容。尤其是拉施特，他试图反映合赞汗以前的蒙古统治者给波斯所带来的损害，而合赞汗的改革却对波斯有益。

伊利汗都曾注意到，并给予他支持。

当伊利汗们要求像《列王纪》那样来描绘他们的统治历史的时候，绘画获得了长足的进展。波斯艺术家通过画插图来解析历史的场景，而这种插图本著作，在波斯是一种持续了很长时间的艺术形式。插画著作要求一种精微细小的绘画，被称作细密画。有一些中国的艺术风格，也被吸收进这类著作中。中国的影响在如何绘画山水和人物上可以看到。波斯艺术家，是细密画真正的主人。

拉施特在蒙古时代的建筑规划方面，也起到重要的作用。波斯的建筑风格反映出遍及整个伊斯兰世界的风格，十二边形的穹隆建筑，到处可见。富有的波斯人和伊利汗国的蒙古人，又耗费巨资来修建大型的墓葬复合式建筑。

对于蒙古人来说，修建公共陵墓是一种对传统的脱离。在他们以前游牧的岁月里，蒙古统治者通常都会有他们自己的秘密安葬地。等到他们皈依伊斯兰教之后，伊利汗们改而效法更早期的波斯统治者。例如合赞汗，他修建了一座十二边形的陵墓，周边还配有清真寺、学校和医院。复合式建筑群，还有带水池的房子和喷泉。后来波斯及其邻近地区的统治者们，例如奥斯曼土耳其人，在他们的安葬地又复制了蒙古人的风格。

在孙丹尼牙，伊利汗完者都就为他自己修建了一座大型的陵墓复合式建筑，或谓大型陵墓。这个大型穹隆陵墓，被认为是一位蒙古统治者所实施的最伟大的建筑工程之一。陵墓的部分建筑至今仍屹立在孙丹尼牙，成为一个受欢迎的旅游景点。

波斯的科学技术

波斯和其他中东地区，同时接触到西方和印度的科学传统，这使得他们获益良多。因此，伊斯兰学者由于对科学与数学的追求而闻名于世。数学用来计算恒星和行星的位置，以此帮助他们创制出精准的历法。现代代数学就是以伊斯兰学者的工作为基础而建立起来的，代数（algebra）这个词语就源于阿拉伯语中的“al-jabr”，意为将混乱无序的部分连接起来。

蒙古人统治时期，波斯数学家们的主要贡献，是对几个世纪以前工作的改进，而并非有新的发现。不过，在天文学领域，蒙古统治时期的科学家们则表现优异。首位为蒙古人服务的波斯天文学家是纳速剌丁（1200－1273年）。旭烈兀为他在今天伊朗西北部的马拉哈，建造了一座天文台。这座天文台被认为是世界上第一座为研究天体而建立的真正意义上的天文台。纳速剌丁与其他天文学家，都在钻研行星的运行轨道。

一位名叫卡玛阿丁（大约于1320年去世）的科学家，在马拉哈天文台工作，不过他更加关注的是恒星和行星。他试图弄清楚，人们为什么可以看见彩虹。他通过实验发现，光在某个特定的角度穿透水滴时，就会产生形成彩虹的各种颜色。

蒙古统治下俄国的艺术与文化

金帐汗国的可汗们，并未能继承如同中国和波斯那样丰富的文化。在许多方面，他们更忠实于蒙古自身的文化。尽管历史证据还很薄弱，不过历史学家们认为，蒙古人的确促进了某些艺术和科学的发展。

在俄国，对于艺术的支持主要来自俄国东正教。蒙古的宗教宽容政策，促进了东正教的繁荣发展。这使得他们能够建造更多的教堂，并委托工匠制作更多的宗教艺术品。最常见的艺术形式是圣像，一种绘有圣徒或其他神圣人物的木版画。人们将圣像置于家中，并把它们视为圣物。圣像是基督教信仰十分重要而又富有感染力的象征，尤其是在未受教育的农民中间，他

▲ 莫斯科瓦西里升天大教堂展示出俄罗斯东正教教堂典型的洋葱形圆拱顶风格。蒙古统治时期，俄国东正教无需缴纳赋税。这逐渐增加了东正教对社会的影响。

们不能阅读《圣经》。

尽管圣像绘画早在几个世纪以前，就已在拜占庭帝国发展起来，但是圣像变得越来越普遍却是在蒙古时代，尤其是在诺夫哥罗德和莫斯科等城市。在蒙古征服的最初几年，圣像绘画遭受压制。当蒙古人结束攻击，仅仅瞩目于搜刮贡赋的时候，这种艺术形式又重获生机。

俄国东正教也促进了音乐的发展。基督教的引入带来了吟诵，这是一种歌唱祈祷的形式。俄国人将拜占庭的圣歌吟唱传统，和他们自己的民歌融合到一起，创造出一种被称为“兹那门尼”的圣歌。尽管圣歌并没有书面的文字记载，但这种音乐形式经历过蒙古时代仍然保存了下来。

在蒙古统治的时代，俄国的文学作品主要局限在编年史。这些编年史记载了金帐汗国统治之前与其统治期间，“城邦国家”的历史事件。不过，有些编年史有神话和虚构的成分，因此，并不能总是把它们当作信史来看待。

大多数编年史，关注的是与宗教和政治有关的事件与思想，试图在东正教和当地统治者中间建立起自己的地位。第一次入侵之后，蒙古人便开始出现在编年史中，不过作者们又似乎不时地忽略蒙古人的统治。第一次提及“鞑靼人”是在《诺夫哥罗德编年史》中：“……没人知道他们是谁，来自何方……今天他们来抢夺我们的土地，明天他们将会来抢夺你们的土地。”（引自Charles Halperin著*The Tatar Yoke*）

察合台兀鲁思的文化领域

如同金帐汗国一样，察合台兀鲁思的统治者们，也很大程度上忠实地保持了蒙古文化的根基。蒙古人在中亚建立的一种文化，受到源自突厥人、波斯人以及阿拉伯人的影响。蒙古人避开该地区的大城市，那里的艺术和文化——受到伊斯兰教的影响——蓬勃发展了数个世纪之久。

蒙古入侵中幸存下来的定居地区，则并没有看到多少变化。河中地区的城市，则仍旧按自己的方式教育子女，并且仍支持艺术家。12 世纪，这个地区产生了一位中世纪最伟大的医生，在欧洲他被称为阿维森纳（980-1037 年）。他的医学著作，在整个中东和部分基督教地区广为流传。其他一些著名的著作，也出现于蒙古时代之前，其中就包括一本突厥语词典。

在帖木儿继承者们的统治时期，察合台兀鲁思有一段艺术发展的伟大时期。帖木儿厌倦了征服，转而关注大型的建筑工程，这主要集中在撒马尔罕城。一些建筑的墙壁上，精心制作着镶嵌图案（由一块块彩色瓷砖组成的图画）。

帖木儿帝国对艺术和科学最为伟大的支持者，或许是帖木儿之孙——乌鲁伯格（1394-1449 年）。乌鲁伯格建立的一所学校的墙壁上有一句话（根据斯·索塞克在其著作《内陆亚洲史》一书里的记载）："对知识的探求是每一位穆斯林的义务。"他召集天文学家们一起创制出详细的恒星图，改正了以前恒星图中的许多错误。乌鲁伯格本人也部分地参与这些工作。他还挤出时间写诗与作曲。他的弟弟拜桑格赫（1397-1433 年），在位于今天阿富汗西北部的城市赫拉特，也对中亚的文化有着类似的影响。

尽管成吉思汗家族的声名是以暴力的野蛮人而远扬于世，但是这个家族的各个支系，在维系此后艺术和科学几百年的繁荣上，也起到重要的作用。波斯和中国的伟大文化持续繁荣，在整个蒙古帝国领土上广泛传播的思想观念，也影响着古老的思维和艺术创造的各种方式。

结语

▲马文化仍然是蒙古人民生活中的重要部分。这些年轻人在打马球时，炫耀自己的骑马技术。

帖木儿所创建的帝国的衰落和最终的瓦解，并不是蒙古人参与中亚政治的结束。几个与成吉思汗家族有密切关联的王朝，又陆续出现。然而，后来的这些蒙古人，与 13 世纪的那些蒙古人，已经没有多少共同之处了。绝大多数新的统治者们说着突厥语，信奉伊斯兰教，并且知晓波斯文化。蒙古的语言与文化，则仅局限于传统的蒙古故地以及其相邻的地区。

与蒙古有关联的人，包括乌兹别克人，他们是在曾属于成吉思汗之孙昔班（生卒年不详）的兀鲁思内发展起来的。这个兀鲁思靠近乌拉尔山脉，与金帐汗国的俄国领土相邻。

1430 年代，乌兹别克人迁徙到靠近河中的地区，并且在 16 世纪早期，他们的首领穆罕默德·昔班（1451–1510 年）控制了以前曾属于帖木儿的领土。一位成吉思汗的正宗后裔，现在统治着曾经被称为察合台兀鲁思的绝大部分地区。

印度的莫卧儿人

最后一个与成吉思汗有关联的伟大王朝，是在传统蒙古帝国以外的地区达到其极盛状态的，这就是在印度地区。察合台旧汗国的东半部，自14世纪中期以来，曾被称为蒙兀儿斯坦。生活在那里的人们，被称为莫卧儿人。在英语中，Moghul（莫卧儿）时常被写作Mughal，这个名称被用来指称一个统治印度北部长达近四个世纪之久的王朝。

莫卧儿王朝的建立者是札希尔·乌德丁·穆罕默德·巴布尔（1483-1530年），他是与成吉思汗有亲缘关系的帖木儿的后裔。他试图以位于今天乌兹别克斯坦境内的费尔干纳地区为基地，重新建立帖木儿往昔的帝国。

然而，乌兹别克人和波斯人，在16世纪初便统治了那里的绝大部分领土。因此，巴布尔决定转而往北部印度地区侵入，就如同帖木儿当年那样。在巴布尔成功入侵印度之后，他利用其祖先之前的征服统治，来宣称自身统治的合法性。

巴布尔的莫卧儿王朝的繁荣，得益于北印度的金银。他的继任者创建的一个帝国，其地域覆盖今天印度的2/3，以及巴基斯坦和阿富汗的部分地区。在整个17世纪，莫卧儿统治者们都认为自己是中亚人，而非印度人。他们珍视自身与帖木儿之间的联系，而且该王朝早期的统治者们，还以自身继承了蒙古的传统感到光荣。王朝的统治者们，还时常留意那些官方的记录，那些记录上记载着他们所遵从的成吉思汗的规则和习俗。

莫卧儿人建立的帝国是世界上最伟大的帝国之一。有部分统治者甚至还希望能够重新获得他们祖先在中亚地区的故土，不过他们却从未实现这个梦想。

关联

多种名称

大约在1460年，一群反叛的乌兹别克人脱离他们的统治者，加入到来自曾被称为哈萨克斯坦青帐汗国的游牧民中。他们一起组成一个小汗国，并被称为哈萨克人。在后来的几个世纪里，俄罗斯人给他们取了个新名称，称他们为吉尔吉斯（Kyrgyz，也拼写作Kirghiz）。今天，在中亚地理学中，在哈萨克斯坦和吉尔吉斯斯坦这两个国家中，这两个名字都可以看到。这两个国家都拥有混杂着突厥-蒙古人与俄罗斯族人的人口。

俄罗斯帝国

一个后起的帝国，地域横跨原察合台汗国，并且包括前金帐汗国以及伊利汗国的部分地区在内。随着蒙古人在俄国统治的终结，莫斯科王公随即兴起，并建立起现代俄罗斯国家。后来被称为俄罗斯皇帝的沙皇们，随即又扩张到中亚地区。

蒙古人统治之前的许多领土，起初由欧洲人所控制。然而，俄罗斯人不是典型的欧洲人，因为他们的文化和政治已经被13和14世纪蒙古人的统治塑造。

到17世纪的时候，俄罗斯沙皇正横跨整个欧亚大陆的北部，向东方挺进。除了克里米亚的鞑靼人之外，他们已经击败了金帐汗国的残余势力。18世纪期间，俄罗斯人进入中亚草原，这是以前蒙古帝国的中心地带。突厥-蒙古商人与俄罗斯商人打起了交道，一小拨一小拨鞑靼人的可汗们，则宣布忠诚于沙皇。

在那里，俄罗斯人不是和平地接管，他们使用优势的武力来控制以前蒙古人的地区。到18世纪末，俄罗斯已经在中亚地区建立起他们自己的帝国。根据历史学家冈田英弘在《蒙古帝国及其遗产》一书中的观点，俄罗斯人更能确保他们的统治，因为数百

关联

今天的鞑靼人

俄罗斯人称金帐汗国的蒙古人为鞑靼人，鞑靼这个名称来源于成吉思汗尚未统一蒙古时，他所击败的一个部落的名称。从这个名称，欧洲人就会想到鞑靼人。有史料来源表明，这个名称与希腊神话有关。塔耳塔洛斯（Tartarus）是地狱的最深渊，那里是恶人死后接受惩罚的地方。对于欧洲人而言，蒙古人似乎就是来自地狱的魔鬼，因此，他们将Tartarus这一名称改为Tatars是合乎情理的。

第二次世界大战期间，苏联领导人约瑟夫·斯大林强制遗留的克里米亚鞑靼人离开他们的家园，到苏联其他地区居住。他担心鞑靼人站在德国一边对抗苏联。今天，成千上万的克里米亚鞑靼人，试图回到他们今天属于乌克兰境内的故地。金帐汗国的后裔们，今天也还生活在鞑靼斯坦共和国境内。

年之前成吉思汗已有示范在前。成吉思汗声称他拥有上天赋予的统一世界的权力，而一个横跨中亚的单一强大国家的观念，在成吉思汗之后持续了很长一段时间。

俄罗斯的出现，给这个地区带来和平，这个地区由于当地的竞争，常常出现战争。俄罗斯人也给这个游牧的地区带来现代的欧洲科技，建立了第一条铁路和电报线路。俄罗斯沙皇在中亚的统治，也导致许多俄罗斯人和乌克兰人进入这个地区定居下来，既传播了俄语，也带来了东正教。虽即如此，伊斯兰教和传统语言仍在继续繁荣发展。

然而，伴随着俄罗斯统治所带来的好处，与蒙古人统治俄国时期一样糟糕的政策也随之而出现。沙皇强征重赋，并且逼迫民众服军役。他们还支持农奴制度，这是类似于奴隶的一种制度，迫使农民为富裕地主劳作。农奴有一些法律上的保障，但他们不能离开农奴主的领地。俄罗斯的农奴制度，直到 1861 年才结束。（不过，农奴制度从未在西伯利亚和中亚地区实行。）

俄罗斯横跨亚洲的东扩运动，使得他们直接接触到中国和蒙古。19 世纪的时候，中国处于清王朝的统治之下。与俄罗斯人曾经所做的一样，清朝皇帝们声称，他们有权统治自己周边的所有领土，因为他们与蒙古人的元王朝有历史上的渊源。清王朝于 1691 年控制了蒙古。原来蒙古故地的一部分，被称为内蒙古，那里的蒙古贵族被清朝皇帝所牢牢掌控。另一部分蒙古故地，则仍由当地贵族（成吉思汗的后裔）所控制，被称为外蒙古。

现代蒙古

1917 年，俄国革命者们推翻了他们国家的最后一位沙皇的统治，并最终建立起一个共产主义政府。在共产主义制度下，国家拥有几乎所有的财产。一个政党——共产党——控制着政府和经济。俄国的共产主义者将他们

所控制的广袤领土分成一系列的共和国，所有这些共和国又被统一在一个名为“苏维埃社会主义共和国联盟”（简称“苏联”）之下。

莫斯科是这个新国家的首都，而俄国是占支配地位的共和国。苏联建立了其他14个苏维埃社会主义共和国，这些共和国又大部分曾是蒙古帝国的组成部分。这些共和国的领地集中于曾经的察合台兀鲁思、伊利汗国东北部以及金帐汗国的南部与东部地区。它们中有5个在中亚，分别是哈萨克斯坦、乌兹别克斯坦、吉尔吉斯斯坦、塔吉克斯坦和土库曼斯

▲在20世纪的大部分时间里，蒙古都处于苏联的控制之下。这张1984年的图片显示，一堵墙上挂着当地共产党领导人的照片。

▲电视机与传统并立一起，蒙古成千上万的民众依然生活在某种传统样式的居室中。

坦。格鲁吉亚、亚美尼亚和阿塞拜疆则是处于伊利汗国的影响之下，而金帐汗国所统治或影响之下的是俄国、白俄罗斯、摩尔多瓦以及乌克兰。（1991 年底苏联瓦解之后，所有这些共和国都成为独立的国家。）

1921 年，苏联军队帮助蒙古人民在外蒙古地区击败中国军队，也击败了那些与苏联政治观点不同的俄国人。1924 年，蒙古人民共和国宣布独立。实际上，蒙古国一直处于苏联的直接影响之下。部分蒙古人所居住的地方，也是苏联的一部分。

在苏联的操纵下，蒙古建立了一个新的政府。新政府控制了政治和经济的方方面面。官方压制蒙古人民的传统宗教——佛教和萨满教，毁坏庙宇，杀害僧侣，并且迫使蒙古人民放弃他们传统的书写体系，改用俄文字母。

苏联的影响也带来一些积极的变化。教育变得更加普及，农业耕作技术得到改进。然而，蒙古人民还是缺乏政治和文化上的自由。他们也变得完全与世界其他地区孤立开来。苏联在蒙古各地建立军事基地，并且迫使该国禁止旅游，以维持苏联在这些军事基地的秘密。

1990 年，当蒙古人民开始要求他们的政府做出改变的时候，有部分抗议人士佩戴着写有“morindoo”——“准备前进”的标志。这与成吉思汗派遣军投入作战时所使用的口号是一致的。1991 年，蒙古摆脱与苏联的关系，蒙古领导人开始建立另一种政治制度。

今天，蒙古人试图在他们过去的游牧生活方式与现代生活之间寻求平衡。人们虽然仍住在毡制的蒙古包里，不过蒙古包外，太阳能的卫星天线接收器，却将世界各地的电视信号接收进来。男孩们依旧在学习没有马鞍的情况下骑马，之后他们或许会进入大学，学习工程学。

记者格伦·霍奇斯在 2003 年 10 月出版的《国家地理》杂志上发表了一篇文章，他引用蒙古国总统那木巴尔·恩赫巴亚尔的话说：“为了生存，我们不得不停止游牧。”然而，许多蒙古人依然选择游牧生活——这主要是因为与成吉思汗过去的丰功伟绩有关。

寻求传统和现代生活方式之间的平衡，并不是今天蒙古人民所面临的唯一问题。近年来，蒙古国已发现储量巨大的金矿和铜矿。据估计，蒙古国拥有的金矿和铜矿至少值 380 亿美元。开采这些矿产资源会带来巨大的财富，但它也会破坏环境。现代的蒙古国从今天开始，就必须对在这些矿产资源所提供的财富需求，与对自然环境保护的渴望之间，寻求一种平衡。

蒙古的遗产

蒙古人的入侵，给亚洲和欧洲的许多方面带来影响。由于蒙古人，明王朝控制了一个统一的中国，并且这个统一的国家一直持续到今天。蒙古统治下的中国，与外部世界的接触和交往，比以往任何时候都要更加地广泛。

蒙古人在俄国的出现，则借由金帐汗国，促使莫斯科的王公们获得权力，并最终建立起他们自己的中亚帝国。在波斯地区，伊利汗们促进了艺术的发展，并且也促进了波斯语的繁荣，它取代阿拉伯语，成为主要的语言。蒙古人的宗教宽容，让我们观察到罗马天主教在东亚地区的首次进展，而佛教则又传入到新的地区。蒙古人对伊斯兰教也持欢迎的态度，并且推动伊斯兰教在整个中亚地区的存在。

蒙古统治的另一个重要特征就是，欧亚之间的接触更加广泛。得益于

关联

成吉思汗永久的魅力

今天，成吉思汗在整个蒙古大地仍备受尊崇。然而，有些亚洲人和欧洲人对他作为一个嗜血的征服者的印象却记忆犹新。现代的蒙古人将成吉思汗视为一位强悍的领袖，他能团结自己的人民，在欧亚大陆上，建立起一个至今仍影响着他们生活的帝国。

1962 年，蒙古国政府竖立起一尊成吉思汗的雕塑，以纪念他诞辰 800 周年。对于绝大多数蒙古人而言，成吉思汗是显见的骄傲之源。他的名字出现在各种产品上，如成吉思汗伏特加，他的头像也出现在蒙古的钱币上。2006 年，一部以成吉思汗一生为基础而创作的歌剧，在蒙古首都乌兰巴托上演。

成吉思汗也吸引着西方的电影制片人。1956 年，美国著名演员约翰·韦恩在一部名为《征服者》的电影里扮演成吉思汗。1965 年，一部名为《成吉思汗》的电影则由奥玛·沙里夫主演。2007 年，俄罗斯导演谢尔盖·波德洛夫发行关于成吉思汗的影片《蒙古王》。这部电影被提名为 2007 年奥斯卡最佳外语片。波德洛夫计划拍摄两部以上有关成吉思汗一生的电影。

在法国、德国、日本、中国以及英国，都曾拍摄过有关成吉思汗的电影。成吉思汗作为一个角色，还曾出现在《辛普森一家》的电视节目中。

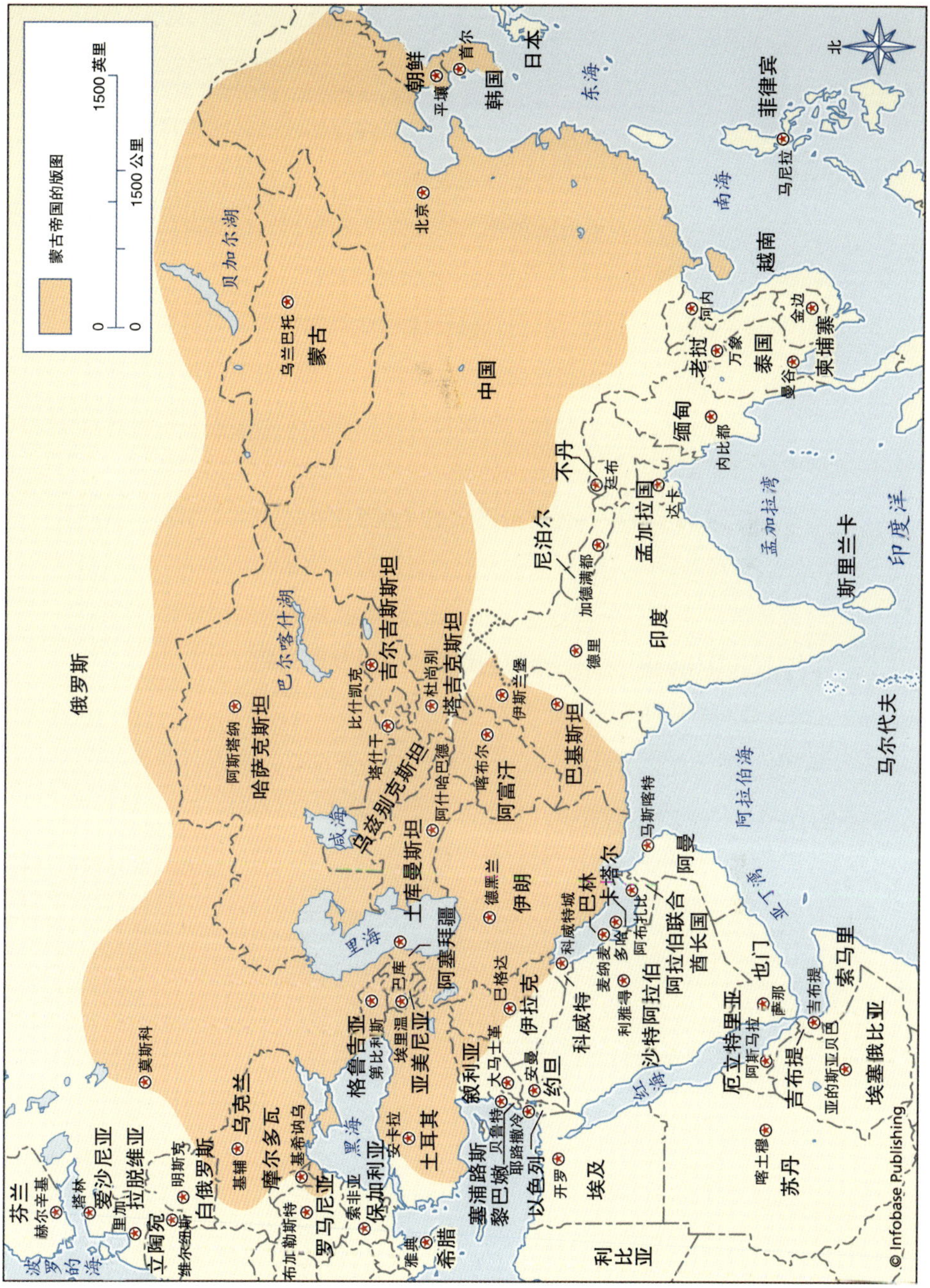

▲ 蒙古人影响所及，从朝鲜半岛一直延伸到东欧，它所形成的最为广袤且绵延不绝的领土，曾由一个家族所控制。

几位欧洲传教士和探险家的著作的推动，它最终促使欧洲各国去探寻通往亚洲的海路。通过海路，欧洲人可以与高度重视香料的远东地区，进行直接的贸易，而不必与控制东亚地区陆路贸易的中亚和中东商人打交道。

蒙古人之后，再也没有其他来自草原的游牧民，挑战过定居社会的权威。现代的科学技术，改变了战争。马背上弓箭手的射击，无法匹敌重型大炮。并且，一旦游牧人停止劫掠他人以获取财富，他们就无法与日益增长的欧亚城市经济相竞争。直到最近，即便是在他们自己的国家内，蒙古人也不得不接受来自外部势力的支配。

历史学家戴维·摩根与鲁文·阿米塔－普莱斯在《蒙古帝国及其遗产》一书的序言中写到，蒙古人从“相当于中世纪对外关系的协调人”中获益。诸如马可·波罗与拉施特等作家的描绘则更丰富多彩，他们详细生动地描写了蒙古人以及他们的可汗。摩根与阿米塔－普莱斯写到，正是由于这些作品，“数百年来，蒙古人仍然处于人们想象当中的舞台的中心”。

蒙古人至今仍让人惊奇不已，因为有史以来没有其他人，能如此迅捷地建立起这样一个庞大的帝国。蒙古人又令人着迷，因为他们将可怕的残酷行为与明智的政策糅合到了一起。世界的一部分，从中国到印度再到东欧，由于与蒙古人之间的联系，它们被彻底地改变。

年表

1206 年	蒙古人推举铁木真为他们的首领，铁木真接受成吉思汗的称号。
1209 年	成吉思汗第一次对外侵袭，对付西夏党项人。
1218 年	蒙古人发动第一次西征，侵入花剌子模。
1227 年	成吉思汗去世，蒙古帝国一分为四。
1229 年	成吉思汗第三个儿子窝阔台被任命为新一任大汗。
1234 年	蒙古灭金。
1237-1240 年	蒙古人控制俄国西北部地区，建立后来所称的钦察汗国或金帐汗国。
1242 年	窝阔台去世后，西征欧洲结束。
1256 年	旭烈兀带领蒙古军队征服波斯地区，并创建伊利汗国。
1260 年	忽必烈汗被推举为第五任大汗。在叙利亚的一场失败，结束了蒙古向西横跨中东地区的步伐。
1271 年	忽必烈称帝，并建立元王朝。
1279 年	忽必烈汗击败南宋，并重新统一中国。
1294 年	忽必烈汗去世，他的孙子铁穆耳·完泽笃成为大汗。
1295 年	伊利汗合赞皈依伊斯兰教。
1334 年	察合台兀鲁思逐渐一分为二。
1335 年	最后一位伊利汗不赛因去世，伊利汗国瓦解。
1360 年	金帐汗国瓦解。
1368 年	元王朝为明王朝所取代，蒙古在中国统治的结束。
1370 年	察合台兀鲁思境内的帖木儿崛起。
1380 年	俄罗斯人在库利科沃击败金帐汗国。

1395 年	帖木儿击败脱脱迷失，严重削弱金帐汗在俄国的统治。
1405 年	帖木儿去世前，计划入侵中国。
1480 年	莫斯科伊凡大帝挑战金帐汗。
1504 年	帖木儿与成吉思汗的后裔巴布尔开始征服战争，并由此在印度建立起莫卧儿帝国。
1575 年	阿勒坦汗（俺答汗）宣布藏传佛教为蒙古国教。
1691 年	蒙古处于清王朝的控制之下。

词汇表

使臣（ambassador）：代表政府出使另一个国家的人。

祖先（ancestor）：传下后代的这个人。

安答（anda）：一种紧密的关系，在这种关系中，本无亲缘关系的两个男人，誓言互相忠诚，并且要像有亲缘关系那样对待彼此。

箭术（archery）：使用弓和箭的技能。

建筑学（architecture）：建筑物的设计。

占星术（astrology）：通过研究星体运动而预知未来的一种方法。

天文学家（astronomers）：研究行星和恒星的人。

野蛮人（barbarian）：残忍而又好战的人。

战利品（booty）：战争取得胜利后，从敌人那里所获取的财富。

商队（caravan）：一群商人结伴而行。

骑兵（cavalry）：骑马的士兵。

氏族（clan）：一批关系密切的家庭。

共产主义（communism）：一种政治和经济制度，要求由一个政党来控制政府、社会和大部分的财产。

尸体（corpses）：已死亡的身体。

驱逐出境（deported）：被迫离开一个国家。

后裔（descendants）：具有亲属关系的人，他们可以追根溯源到同一个人。

王朝（dynasty）：一个家族对一个政府的控制持续数代之久，通常由父子相传，进行统治。

蒙古包（ger）：一种传统的蒙古圆顶帐篷，它由毛毡覆盖于木制框架上所构成。

历史编纂学（historiography）：对历史研究的方法，以及随着时间而不断变化的历史学家的观点。

可汗（khan）：君主或国王。

汗国（khanate）：一种与大蒙古帝国有关的小帝国，它由蒙古诸王所统治。

喇嘛（lama）：西藏的佛教僧侣。

长矛（lance）：一种将硬尖安置于木杆一端的武器。

劫掠（loot）：通常指在战争或骚乱中，从某处窃取有价值的物品。

传教士（missionary）：派往异地去说服他人接受自己宗教信仰的人。

那可儿（nökör）：选择放弃与自己家族的关系，转而去效忠于某位首领的人。

国家主义（nationalism）：强烈支持自己的祖国，并常带着一种信念，那就是其他的国家，都比不上自己的国家。

游牧民（nomad）：居无定所，通常从一个地方迁徙到另一个地方，为牲畜寻找新牧场的人。

陶瓷（porcelain）：一种用黏土制作的陶器。

先知（prophet）：可与神沟通，并常能预知未来的人。

谚语（proverbs）：代代相传而又充满智慧的简短话语。

忽里台（quriltai）：蒙古首领们决定重大事务的特殊聚会。

统治时期（reign）：某一位统治者当权的时期。

转世（reincarnation）：人死之后，他或她的灵魂，会在一种动物或者另一个人身上重生。

（上帝之）鞭（scourge）：派去执行惩罚的人，或指一场突然爆发而又规模巨大的苦难。

定居的（sedentary）：居住在一个地方，并且依靠农业作为获取食物的主要来源。

围城（siege）：切断一个城镇或堡垒要塞与外界的联系，使其不能获得补给，同时居民也无法逃离出去。

草原（steppes）：平坦而干燥，并且大多没有树木的区域。

马镫（stirrup）：附着于马鞍上的环，供骑马的人放脚。

继承人（successor）：紧随另一人之后，继承其职位的人。

丝织品（textiles）：由丝绸物制成的织品。

贡品（tribute）：支付给外国统治者的财富，以防止入侵或表示臣服。

兀鲁思（ulus）：世袭的领土。

参考书目

Amitai-Preiss, Reuven, and David O. Morgan, Ed., *The Mongol Empire and its Legacy*. Leiden, Netherlands: Brille, 1999.

Barraclough, Geoffrey, Ed., *The Times Concise Atlas of World History*. Maplewood, N.J.: Hammond Inc., 1982.

Bingham, Woodbridge, Hilary Conroy, and Frank W. Iklé, *A History of Asia*, Volume 1. Boston: Allyn and Bacon, 1974.

Boyle, J. A., Ed., *The Cambridge History of Iran*, Volume 5: The Saljuq and Mongol Periods. Cambridge, U.K.: Cambridge University Press, 1968.

Brians, Paul, and Mary Gallwey, Douglas Hughes, Michael Myers, Michael Neville, Roger Schlesinger, Alice Spitzer, and Susan Swan, Eds., *Reading About the World*, Volume 2. Sugarland, Tex.: American Heritage Custom Publishing, 1999.

Buell, Paul D., *Historical Dictionary of the Mongol World Empire*. Lanham, Md.: The Scarecrow Press, 2003.

Cantor, Norman, Ed., *The Encyclopedia of the Middle Ages*. New York: Viking, 1999.

Carpini, Giovanni DiPlano, Erik Hildinger, Translator, *The Story of the Mongols Whom We Call the Tartars*. Boston: Branden Publishing Company, 1996.

Chambers, James, *The Devil's Horsemen: The Mongol Invasion of Europe* (Reprint of 1979 edition). Edison, N.J.: Castle Books, 2003.

Chan, Hok-Lam, *China and the Mongols: History and Legend under the Yüan*. Aldershot, U.K.: Ashgate Publishing, 1999.

Clavijo, Ruy González de, *Embassy to Tamerlane, 1403-1406*. Translated by Guy Le Strange. New York: Harpers & Brothers, 1928.

Cleaves, Francis Woodman, Ed. and Translator, *The Secret History of the Mongols*, Volume 1. Cambridge, Mass.. Harvard University Press, 1982.

Elverskog, Johan, *The Mongols, Buddhism and the State in Late Imperial China*. Honolulu: University of Hawai'i Press, 2006.

Fennell, John, *The Crisis of Medieval Russia, 1200-1304*. London: Longman, 1983.

Foltz, Richard C., *Mughal India and Central Asia*. Karachi, India: Oxford University Press, 1998.

"The Gulistan of Sadi." Internet Classics Archive. Available online. URL: http://classics.mit.edu/Sadi/gulistan.2.i.html. Accessed December 10, 2003.

Halperin, Charles J., *The Tatar Yoke*. Columbus, Ohio: Slavica Publishers, 1986.

Hodges, Glenn, "Mongolian Crossing." *National Geographic*, Vol. 204, No. 4 (October 2003): 102-121.

Hourani, Albert, *A History of the Arab Peoples*. Cambridge, Mass.: Belknap Press, 1991.

"How Story-telling Began Among Mongols." Mongolia Today Online Magazine. Available online. URL: http://www.mongoliatoday.com/issue/7/tales.html. Accessed December 12, 2007.

"IMPP Held a Demonstration to Mark the 60th Anniversary of Chinese Occupation of Inner Mongolia." Inner Mongolian People's Party. Available online. URL: http://www.innermongolia.org/english/index.html. Accessed January 2, 2008.

Jackson, Peter, *The Mongols and the West, 1221-1410*. Harlow, U.K.: Pearson, 2005.

James, Peter, and Nick Thorpe, *Ancient Inventions*. New York: Ballantine Books, 1994.

Juvaini, *Genghis Khan: The History of the World Conqueror*. Reprint. Translated by J. A. Boyle. Manchester, U.K.: Manchester University Press, UNESCO Press, 1997.

Kolbas, Judith, *The Mongols in Iran: Chingiz Khan to Uljaytu 1220-1309*. London: Routledge, 2006.

Kwanten, Luc, *Imperial Nomads: A History of Central Asia, 500-1500*. Philadelphia: University of Pennsylvania Press, 1979.

Lane, George, *Daily Life in the Mongol Empire*. Westport, Conn.: Greenwood Press, 2006.

Lawrence, John, *A History of Russia*, 6th ed. New York: New American Library, 1978.

Lee, Sherman, and Wai-Kam Ho, *Chinese Art Under the Mongols: The Yuan Dynasty (1279-1368)*. Cleveland, Ohio: The Cleveland Museum of Art, 1968.

Merriam-Webster's Collegiate Dictionary. 10th ed. Springfield, Mass.: Merriam-Webster, 1997.

Merriam-Webster's Geographical Dictionary. 3rd ed. Springfield, Mass.: Merriam-Webster, 1997.

Morgan, David, *The Mongols*. 2nd ed. Oxford, U.K.: Blackwell Publishers, 2007.

Neighbour, Margaret, "Eagle Hunters Target Tourists." Ottawa Citizen.com. Available online. URL: http://www.canada.com/ottawacitizen/news/story. html?id=5202f1c1-e6d3-4b18-bbf5-e5ad3defffe0. Accessed October 8, 2007.

Nicolle, David, *The Mongol Warlords*. Dorset, England: Firebird Books, 1990.

O'Brien, Patrick K., General ed., *Oxford Atlas of World History*. New York: Oxford University Press, 1999.

Oxford Essential World Atlas. New York: Oxford University Press, 1996.

Pipes, Richard, *Russia Under the Old Regime*. New York: Charles Scribner's Sons, 1974.

Polo, Marco, A. C. Moule, Translator, *The Description of the World*, (Reprint of 1938 edition). New York: AMS Press, 1976.

Polo, Marco, Henry Yule, Translator, Revised translation by Henri Cordier, *The Travels of Marco Polo*, (Reprint of 1903 edition). New York: Dover Publications, 1993.

Polo, Marco, William Marsden, Translator, Manuel Komroff, Ed., *The Travels of Marco Polo*. New York: The Modern Library, 2001.

Raby, Julian, and Teresa Fitzherbert, *The Court of the Il-khans, 1290-1340*. Oxford Studies in Islamic Art XII. Oxford, England: Oxford University Press, 1996.

Ratchnevsky, Paul, Thomas Nivison Haining, Translator and Ed., *Genghis Khan: His Life and Legacy*. Oxford, England: Blackwell Publishers, 1991.

Rossabi, Morris, *Khubilai Khan: His Life and Times*. Berkeley, Calif.: University of California Press, 1988.

Saunders, J. J., *The History of the Mongol Conquests*. Philadelphia: University of Pennsylvania Press, 1971.

Schamiloglu, Uli, "An Agenda for Research on the Golden Horde." Available online. URL: http://www.turko-tatar.com/uli/pubs/IIUe2002.pdf. Accessed January 3, 2008.

Selected Plays of Guan Hanqing. Silk Pagoda. Available online. URL: http://www.silkpagoda.com/catalog/product_info.php?products_id=600. Accessed October 29, 2008.

Soucek, Svat, *A History of Inner Asia*. Cambridge, England: Cambridge University Press, 2000.

Stewart, Stanley, *In the Empire of Genghis Khan: A Journey Among Nomads*. Guilford, Conn.: The Lyons Press, 2002.

Watts, Jonathan, "Prospectors and 'Ninja' Miners Flood to East's El Dorado." Guardian Unlimited. Available online. URL: http://www.guardian.co.uk/international/story/0,,2187212,00.html. Accessed October 10, 2007.

William of Rubruck, William Woodville Rockhill, Translator and Ed., *The Journey of William of Rubruck to the Eastern Parts of the World, 1253-1255, as Narrated by Himself*. London: The Hakluyt Society, 1900.

拓展资料

图书

Atwood, Christopher. *Encyclopedia of Mongolia and the Mongol Empire* (New York: Facts On File, 2004)

此书概述了蒙古国家的过去与现在。

Lane, George. *Daily Life in the Mongol Empire* (Westport, Conn.: Greenwood Press, 2006)

该书由著名蒙古学者所撰写，它提供了日常生活领域中极其详尽的细节，诸如食物、穿着、住房、宗教以及健康等方面。此书还包括一些传统的蒙古民间故事。

Martell, Hazel Mary. *The World of Islam Before 1700* (Austin, Tex.: Raintree Steck-Vaughn, 1998)

伊斯兰教是蒙古帝国境内许多地区占主导地位的宗教信仰。本书简要介绍从公元 7 世纪直至蒙古时代结束之后，伊斯兰教的发展历程。

Pang, Guek-Cheng. *Mongolia* (New York: Marshall Cavendish, 2000)

本书着重于从蒙古国家的现代生活，来追寻蒙古的历史。它探讨了诸如宗教、艺术、语言以及节日等话题。

Streissguth, Thomas. *Genghis Khan's Mongol Empire* (Farmington Hills, Mich.: Lucent Books, 2006)

该书着眼于蒙古帝国早期岁月中成吉思汗的崛起以及日常生活。部分特别突出的图片制作于蒙古时代。

Taylor, Robert. *Life in Genghis Khan's Mongolia* (San Diego, Calif.: Lucent Books, 2001)

这本书涵盖了成吉思汗的崛起，以及他所创建的帝国内的社会生活。该书还包括诸如女性摔跤选手的拳击比赛，以及蒙古人的个人生活习惯等主题。

Worth, Richard. *The Great Empire of China and Marco Polo in World History* (Berkeley Heights, N.J.: Enslow Publishers, 2003)

本书描绘了忽必烈汗统治期间的中国，侧重于描绘马可·波罗的游历。作者还提及有关马可·波罗声称曾到过中国的历史争论。

网站

Modern Mongolia: Reclaiming Genghis Khan
www.museum.upenn.edu/Mongolia/index.shtml

该网站包含从古代到今天蒙古的历史，并且还可详细浏览现代蒙古与过去蒙古之间的关联。这是由宾夕法尼亚大学考古学与人类学博物馆举办展览而相应设立的一个网站。

Mongol-American Cultural Association
www.maca-usa.org

该网站用于说明这个组织的方方面面，即传统蒙古文化在美国的延续。该组织举行年度的成吉思汗庆祝活动，而此网站则包含来自这个活动的照片。

Mongol Art
www.mongolart.mn

蒙古艺术委员会主办这个网站，追溯了许多蒙古艺术形式的历史。当代的艺术品也是重要的内容。

Pre-Modern Imperialism: The Mongols
www.accd.edu/sac/history/keller/Mongols/index.html

该网站内容既包括占主导的蒙古帝国，也包括后来所形成的更小一些的帝国。该网站可详细浏览成吉思汗、蒙古军队等内容，还提供了大事年表。

The Silk Road Foundation
www.silk-road.com/toc/index.html

该组织致力于丝绸之路与中亚的研究，提供有关蒙古人以及其他统治过这个地区的民众的信息。该网站包含蒙古帝国以及中亚主要贸易路线的地图。

The Silver Horde

www.viahistoria.com/SilverHorde/main.html

该网站以再现蒙古人的各种活动为特色，这些再现者装扮成蒙古人，试图再现蒙古文化，尤其是军事生活。该网站含有蒙古军事训练方面的详细信息。

The Story of the Weeping Camel

www.nationalgeographic.com/weepingcamel/index.html

这是一个为现代蒙古所制作的一部纪录片而设立的网站。哭泣骆驼的故事，讲述了戈壁地区生活于传统蒙古包里的一户牧民的冒险生活。他们面临着一场危机，当时母骆驼在历经一次难产之后，抛弃自己新生的小骆驼。该网站提供了电影中这个家庭的信息，以及有关骆驼、蒙古人的生活方式与蒙古历史等方面的信息。

图片来源

页码

2: The Granger Collection, New York

12: The Granger Collection, New York

18: British Museum, London, UK/The Bridgeman Art Library

20: Shutterstock/Rémi Cauzid

26: The Granger Collection, New York

34: The Granger Collection, New York

44: The Granger Collection, New York

48: AP Photo/Rob Carr

51: The Granger Collection, New York

54: Bibliotheque Nationale, Paris, France/ The Bridgeman Art Library

68: The Granger Collection, New York

84: The Granger Collection, New York

88: © British Museum/Art Resource, NY

89: Travel Ink/Getty Images

94: AP Photo/Ng Han Guan

98: Bildarchiv Preussischer Kulturbestiz/ Art Resource, NY

106: The Granger Collection, New York

110: Werner Forman/Art Resource, NY

113: Bildarchiv Preussischer Kulturbestiz/ Art Resource, NY

118: © Asia Images/Alamy

120: © imagebroker/Alamy

123: Ullsteinbild/The Granger Collection, New York

132: Shutterstock/Louise Cukrov

136: © Ashmolean Museum, University of Oxford, UK/The Bridgeman Art Library

142: The Art Archive/Bodleian Library Oxford

144: Shutterstock/Harald Hoiland Tjostheim

146: The Granger Collection, New York

147: Shutterstock/Pichugin Dmitry

152: © Nik Wheeler/CORBIS

162: Shutterstock/Losevsky Pavel

166: Michel Setboum/Getty Images

171: © Dean Conger/CORBIS

172: Frederic J. Brown/AFP/ Getty Images

译名对照表

A

Abagha 阿八哈
Abbasid dynasty 阿巴斯王朝
Abu Said 不赛因
acupuncture 针灸
Afghanistan 阿富汗
Aga Khan 阿迦汗
Aga Khan Development Network 阿迦汗发展网络
agriculture 农业
Ahmed Tegüder 帖古迭儿
Alans 阿速人
Ali Shah 阿里沙
Altan Khan 俺答汗
Ambaghai 俺巴孩
Amir Husayn 异密忽辛
Amitai-Preiss, Reuven 阿米塔－普莱斯，鲁文
Anatolia 安纳托利亚
anda 安答
Aniga 阿尼哥
animals 牲畜
archery 箭术
architecture 建筑
Arghun 阿鲁浑
Ariq Böke 阿里不哥
Armenia 亚美尼亚
armies 军队
arts 艺术
Asia 亚洲
Assyrians 亚述人
Astrakhan 阿斯特拉罕
astrology 占星术
astronomy 天文学
Avicenna 阿维森纳
Ayurbarwada 爱育黎拔力八达
Azerbaijan 阿塞拜疆

B

Babur, Zahiruddin 巴布尔
Baidar 拜答儿
Baidu 拜都
baklava 果仁蜜饼
Barak 八剌
barbarians 野蛮人
Barlas 巴鲁剌思
basqaqs 巴思哈
battles 战争
Batu 拔都
Baybars 贝巴思
Baysunghur 拜桑格赫
Beijing 北京
Bela 贝拉
beliefs 信仰

Berke 别儿哥
Bingham, Woodbridge 宾板桥
black death 黑死病
Blue Horde 蓝帐汗国
Bolad 孛罗
bo'ols 孛斡勒
boqtas 孛黑塔
Borjigid 孛儿只斤
Boucher, William 布歇，尧姆
boyars 波雅尔
Boyle, J. A. 波义耳
bubonic plague 腺鼠疫
Buddhism 佛教
Buell, Paul D. 比尔，保罗·D.
Bulgaria 保加利亚
Bulghars 不里阿耳
burial 埋葬
business 商业
Byzantine Empire 拜占庭帝国

C

calendars 历法
caliph 哈里发
Cambaluc (Beijing) 汗八里（北京）
Cambridge History of Iran, The (J. A. Boyle) 波义耳《剑桥伊朗史》
canals 运河
Carpini, Giovanni DiPlano 卡尔平尼
Catholicism 天主教
celebrations and festivals 庆祝活动与节日
censuses 统计
ceramics 瓷器
ceremonies 典礼
Chabi 察必
Chaghatai 察合台
Chaghatai Khanate 察合台汗国
Chaghatai Turk 察合台突厥语
Chambers, James 钱伯斯，詹姆斯
Chan, Hok-Lam 陈学霖
charities 慈善
children 孩童
China 中国，或汉地
China and the Mongols: History and Legend Under Yüan (Hok-Lam Chan) 陈学霖《中国与蒙古人：元朝统治下的历史与传说》
Chinggis Khan 成吉思汗
Choban 出班
Christianity 基督教
Church of the East 东方教会
city life 城市生活
civil servants 文职人员
civil war 内战
clans 氏族
class system 阶级制度
Clavijo, Ruy González de 克拉维约，罗·哥泽来滋
Cleaves, Francis Woodman 柯立夫
climate and geography 气候与地理
clothing 衣物
Colderidge, Samuel Taylor 柯尔律治，塞缪尔·泰勒
Columbus, Christopher 哥伦布，克里斯托弗
commerce 商业
communication 交流
communism 共产主义
Confucianism 儒家思想
Conroy, Hilary 康罗伊，希拉里

Court of the Il-Khans, 1290-1340, The (Abolala Soudaver) 阿贝拉拉·桑达瓦尔《伊利汗的朝廷，1290–1340 年》
Crimean Mongols 克里米亚蒙古人
Crimean Tartas 克里米亚鞑靼人
Crises of Medieval Russia, The (John Fennell) 约翰·芬内尔《中世纪俄罗斯的危机》
Crusades 十字军东征
culture 文化
Cumans 库蛮人
currency and paper money 货币与纸币
customs 习俗
czar 沙皇

D

Daidu (Beijing) 大都（北京）
daily life 日常生活
Daily Life in the Mongol Empire, (George Lane) 乔治·雷恩《蒙古帝国的日常生活》
dance 舞蹈
Daoism (Taoism) 道教
daruqachi 达鲁花赤
Daulat, Sad al- 倒剌，撒非
Dayan Khan 达延汗
de'el 递尔
denga 货币
Description of the World, The (Marco Polo) 马可·波罗《寰宇记》
Devil's Horseman, The (James Chambers) 詹姆斯·钱伯斯《恶魔的骑兵》
Din, Kamal al- 卡玛阿丁
Din, Nasir al- 纳速剌丁
Din, Rashid al- 拉施特
Din, Rukn ad- 卢肯艾丁
diplomacy 外交
disease 疾病
distribution of wealth 财富分配
divine rule 神权
Donskoi, Dmitri 顿斯科伊，德米特里
Du'a 笃哇
dynasty 王朝

E

East Asia 东亚
economics 经济
education 教育
Edward I (king of England) 爱德华一世（英国国王）
Egypt 埃及
Embassy to Tamerlane, 1403-1406 (Ruy González de Clavijo) 罗·哥泽来滋·克拉维约《出使帖木儿朝，1403–1406 年》
emir 埃米尔
Encyclopedia of the Middle Ages, The (Norman Cantor) 诺曼·康托《中世纪百科全书》
Enkhbayar, Nambaryn 恩赫巴亚尔，那木巴尔
environment 环境
epidemics 瘟疫
Esen 也先
Eternal Heaven 长生天
Eurasia 欧亚
Europe 欧洲

F

falconry 猎鹰训练术

family 家族（家庭）

farming 农耕

Fennell, John 芬内尔，约翰

festivals and celebrations 节日与庆典

feuds 争斗

floods 洪水

food and clothing 衣食

France 法国

G

Geikhatu 海合都

Genghis Khan 成吉思汗

Genghis Khan: His Life and Legacy (Paul Ratchnevsky) 保罗·拉契纳夫斯基《成吉思汗：他的一生及其遗产》

Genghis Khan: The History of the World Conqueror (Juvaini) 志费尼《成吉思汗：世界征服者史》

geography and climate 地理与气候

Georgia (country) 格鲁吉亚（国家）

gere'e 腰牌

gers 蒙古包

Ghazan 合赞

Gilan 吉兰

Golden Eagle Festival 金雕节

Golden Horde (Kipchak Khanate) 金帐汗国（钦察汗国）

government and politics 政府与政治

Grand Canal 大运河

Great Horde 大帐汗国

Great Jasaq (legal code) 《大札撒》（法典）

Great Khan 大汗

Great Wall 长城

Guan Hanqing 关汉卿

Guilistan (Sadi) 萨迪《玫瑰园》

Guo Shoujing 郭守敬

Gur-Emir mausoleum 埃米尔吉尔陵墓

Guyuk 贵由

H

Halperin, Charles 哈普林，查尔斯

Han dynasty 汉王朝

health and medicine 健康与医学

Hindus 印度教教徒

Historical Dictionary of the Mongol World Empire (Paul D. Buell) 保罗·D. 比尔《蒙古世界帝国史辞典》

historiography 历史编纂学

History of Asia, A (Woodbridge Bingham) 宾板桥《亚洲史》

History of Inner Asia, A (Svat Soucek) 斯·索塞克《内陆亚洲史》

History of Russia, A (John Lawrence) 约翰·劳伦斯《俄国史》

History of the Mongol Conquests, The (J. J. Saunders) 约翰·约瑟夫·桑德斯《蒙古征服史》

Hodges, Glenn 霍奇斯，格伦

Honorius IV (pope) 教皇何诺四世

horde 帐（群）

horses 马匹

hot-air balloons 热气球

housing 房屋

Hülegü 旭烈兀

Hungary　匈牙利
Huns　匈人
hunting　狩猎

I

Ibn al-Athir　伊本·阿·阿特尔
icons　圣像
Ilké, Fred　伊克尔，弗雷德
Ilkhan　伊利汗
Ilkhanate　伊利汗国
Ilkhanids　伊利禹儿惕
India　印度
Indonesia　印度尼西亚
industry　工业
Inner Mongolia　内蒙古
Innocent IV (pope)　教皇英诺森四世
In the Empire of Genghis Khan: A Journey Among the Nomads (Stanley Stewart)　史坦利·史都华《马背上的游牧国度》
inventions　发明
Iran　伊朗
Iraq　伊拉克
Islam　伊斯兰教
Ismailis　亦思马因派
Israel　以色列
Italy　意大利
Ivan I (Ivan Kalita, prince of Moscow)　伊凡一世（伊凡·卡利塔，莫斯科大公）
Ivan III the Great (czar)　伊凡三世大帝（沙皇）

J

Jackson, Peter　杰克逊，彼得
Jalal al-Din Rumi　哲拉鲁丁·鲁米
jam　驿站
Japan　日本
jarqu　札鲁忽
jarquchi　札鲁忽赤
jasaq (legal code)　札撒（法典）
ja'uns　札温
Java　爪哇
Jebe　哲别
Jin dynasty　金王朝
Jochi　术赤
Journey of William of Rubruck to the Eastern Parts of the World, 1253-1255, as Narrated by Himself (William of Rubruck)　威廉·鲁布鲁克《鲁布鲁克东游记，1253–1255 年》
Judaism　犹太教
Jürchens　女真人
Juvaini　志费尼
Juzjani　术兹札尼

K

Kadan　合丹
Kaffa　卡法
kaghan　可汗
Kaiping　开平
Kalila and Dimna　《克里莱和迪木乃》
Kamal al-Din　卡玛阿丁
kandaly　锁链
Kara-Khitay　哈喇契丹
Karakorum　哈喇和林
Karluks　葛逻禄人
Kazan　喀山
Kebeg　怯别汗

Kereyids　克烈亦惕人
keshikten　怯薛
Khaidu　海都
khan　可汗
khanates　汗国
Khan-baliq (Beijing)　汗八里（北京）
Kharbanda　合儿班答
Khitans　契丹人
Khubilai Khan　忽必烈汗
Khutulun　忽秃伦
Khwarazm　花剌子模
Khwarazm-shah　花剌子模沙
Kipchak Khanate　钦察汗国
Kipchaks　钦察
Kiyad　乞颜氏
Korea　高丽
Krakow　克拉科夫
"Kubla Khan" (Samuel Taylor Coleridge)　塞缪尔·泰勒·柯尔律治《忽必烈汗》
Küchülüg　屈出律
Kulikovo Pole　库利科沃
kumiss　马奶酒
Küyük　贵由

L

Ladislas IV (king of Hungary)　拉斯洛四世（匈牙利国王）
lama　喇嘛
Lamaism　喇嘛教
land and property ownership　土地和财产所有权
Lane, George　雷恩，乔治
language　语言
Lawrence, John　劳伦斯，约翰
legal system　法律体系
literature　文学
Lithuania　立陶宛
Louis IX (king of France)　路易九世（法国国王）

M

Mahmud Yalavach　默罕默德·牙剌瓦赤
maikhans　迈克罕
Mamai　马迈
Mamluks　马木鲁克
Marlowe, Christopher　马洛，克里斯托弗
marriage　婚姻
Mas'ud Beg　麻速忽
mathematics　数学
medicine　医学
Mengfu, Zhau　赵孟頫
merchants　商人
Merkits　蔑儿乞惕人
Merv　梅尔夫
Mid-Autumn Festival　中秋节
Middle East　中东
migghans　敏罕
military　军事
Ming dynasty　明王朝
Moghulistan　蒙兀儿斯坦
Moghuls　莫卧儿
monetary system　货币体制
Möngke　蒙哥
Möngke Temür　蒙哥·帖木儿
Mongol Empire　蒙古帝国
Mongol Empire and Its Legacy, The (Peter Jackson)

彼得·杰克逊《蒙古帝国及其遗产》
Mongolia, modern 现代蒙古
Mongols 蒙古人
Mongols, The (David Morgan) 戴维·摩根《蒙古人》
Mongol Theater 蒙古戏剧
Mongol Warlords, The (David Nicolle) 戴维·尼科尔《蒙古勇士》
Moon Festival 中秋节
Morgan, David O. 摩根，戴维·O.
morindoo “准备前进”
morin khur 马头琴
Mughals 莫卧儿人
Muhammad, Sultan 算端摩诃末
music 音乐
Muslims 穆斯林
Mustasim 穆斯塔西姆
Myanmar 缅甸

N

naadam 那达慕
nagaika 鞭子
Naimans 乃蛮
Nasir al-Din 纳速刺丁
nationalism, Russian 民族主义（俄国）
Nayan 乃颜
Nestorians 聂斯脱里
Nevsky, Alexander 涅夫斯基，亚历山大
Nicolle, David 尼科尔，戴维
Noghai 那海
nökör 那可儿
nomad 游牧民
Nomukhan 那木罕

O

oboo 敖包
Ö'elün 诃额伦
Ögedei 窝阔台
Oghul Qaimish 斡兀立·海迷失
Oirat 瓦剌
Öljeitü 完者都
Orda 斡尔答
ordu 斡耳朵
Orthodox Church 东正教
ortoq 斡脱
ötögus bo'ols 斡脱古·孛斡勒
Ottomans 奥斯曼人
Ozbek 月即别

P

Pagan (Burma) 蒲甘（缅甸）
painting 绘画
Pakistan 巴基斯坦
paper money and currency 纸币与货币
peasant class 农民阶层
perfume 香水
Persia 波斯
Peter the Great (czar) 彼得大帝（沙皇）
petroglyphs 岩石壁画
Phags-pa Lama 八思巴喇嘛
Pipes, Richard 派普斯，理查德
Poe, Edgar Allen 坡，埃德加·艾伦
poetry 诗歌
Poland 波兰
politics 政治
polo 马球
Polo, Marco 波罗，马可

Prester John 祭司王约翰
printing 印刷术
property ownership 财产所有权
provinces 行省
Przhevalsky's horses 普热瓦利斯基马
punishment 惩罚

Q

Qaraqorum 哈喇和林
Quran 《可兰经》
quriltai 忽里台

R

Rashid al-Din 拉施特
Ratchnevsky, Paul 拉契纳夫斯基，保罗
regents, women 妇女摄政
religion and beliefs 宗教信仰
revolts 反叛
Riverside Pavillion, The (Guan Hanqing) 关汉卿《望江亭》
Roman Catholic Church 罗马天主教
Roman Empire 罗马帝国
Rukn-ad-Din 卢肯艾丁
ruling class 统治阶层
Rumi 鲁米
Russia 俄国
Russian Empire 俄罗斯帝国
Russian Orthodox Church 俄罗斯东正教
Russian Revolution 俄国革命
Russia Under the Old Regime 《旧政权统治下的俄国》
Rypka, J. 雷帕卡

S

St. Basil's Cathedral 瓦西里升天大教堂
Sad al-Daulat 撒菲·倒剌
Sadi 萨迪
Samarkand 撒马尔罕
Saray 萨莱
Sauma, Rabban 扫马，列班
Saunders, J. J. 桑德斯
science and technology 科学与技术
sculpture 雕塑
Secret History of the Mongols, The 《蒙古秘史》
Selected Plays of Guan Hanqing 《关汉卿戏剧选》
Seljuks 塞尔柱人
Serapion 塞拉皮翁
Shah-nama 《沙那玛》
Shahrukh 沙哈鲁
shamanism 萨满教
Shangdu 上都
she 社
Shiban 昔班
Shidebala 硕德八剌
Shiites 什叶派
Shiraz 设拉子
Shiremün 失烈门
shülen 苏伦
Silk Road 丝绸之路
Simon of Saint Quentin 西蒙·德·圣-康坦
slavery 奴隶制度
society 社会
Song dynasty 宋王朝
Sorkhagtani Beki 唆鲁禾帖尼
Soucek, Svat 索塞克，斯
Soudavar, Abolala 桑达瓦尔，阿贝拉拉
Soviet Union 苏联

普林《鞑靼的桎梏》
Spain 西班牙
sports 运动会
Stalin, Joseph 斯大林，约瑟夫
steppes 草原
Stewart, Stanley 史都华，史坦利
stirrups 马镫
Story of the Mongols Whom We Call Tartars, The (Giovanni DiPlano Carpini) 卡尔平尼《我们称之为鞑靼的蒙古人的历史》
Subedei 速不台
Sufis 苏菲派
Sultaniyya 孙丹尼牙
Sunnis 逊尼派教徒
symbols 象征
Syria 叙利亚

T

Tabriz 大不里士
Tamburlaine the Great (Christopher Marlowe) 克里斯托弗·马洛《帖木儿大帝》
Tamerlane 帖木儿
"Tamerlane" (Edgar Allen Poe) 埃德加·艾伦·坡《帖木儿》
tamga 印
tamozhina 海关
Tanguts 党项人
tanka 银币
Taoism 道教
tarkhan 达干
Tarmashirin 答儿麻失里
Tatars 塔塔儿人（又译鞑靼人）
Tatarstan 鞑靼斯坦
Tatar Yoke, The (Charles Halperin) 查尔斯·哈普林《鞑靼的桎梏》
taxation 赋税
Teb Tenggeri 帖卜·腾格里
technology 技术
Tegüder 帖古迭儿
Telebogha 兀剌不花
television 电视
Temüjin (son of Yesugei) 铁木真（也速该的儿子）
Temüjin (Tartar) 铁木真（塔塔儿）
Temür Öljeitü 铁穆耳·完泽笃
tents 帐篷
theater 戏剧
Tibet 吐蕃（西藏）
Tibetan Buddhism 藏传佛教
Timur 帖木儿
Timurid dynasty 帖木儿王朝
Timur-i leng 跛子帖木儿
Tode Möngke 脱脱蒙哥
Toghan Temür 妥懽帖睦尔
Toghril 脱斡邻勒
Tokto'a 脱脱
Tolui 拖雷
tombs 陵墓
Toqtamish 脱脱迷失
Toregene 脱列哥那
trade and commerce 贸易与商业
Transoxiana 河中地区
transportation 交通
Travels of Marco Polo, The (Marco Polo) 马可·波罗《马可·波罗行纪》
treaties, trade 贸易协定
tribal society 部落社会
tributes 贡赋

tsar 沙皇
Tughluq Temür 秃忽鲁帖木儿
tümens 土绵
Turk 突厥
Turkestan 突厥斯坦
Turkey 土耳其
Turkic 突厥语
Turkmenistan 土库曼斯坦
Turko 突厥
Turks 突厥人

U

Uighurs 回鹘
Ukraine 乌克兰
Ulugh Beg 乌鲁伯格
ulus 兀鲁思
Ulus Chaghatai 察合台兀鲁思
upper class 上层阶级
uprisings, peasant 农民起义
Urban IV (pope) 教皇乌尔班四世
urban life 城市生活
Urus 乌鲁斯
Uzbekistan 乌兹别克斯坦
Uzbeks 乌兹别克人

V

Vietnam 越南
visual arts 视觉艺术

W

waqf 瓦科夫
warfare 战争
Wassaf 瓦萨甫
wealth, distribution of 财富的分配
weaponry 武器
White Horde 白帐汗国
William of Rubruck 威廉·鲁布鲁克
women 妇女
Wonjong 王禃

X

Xanadu 行宫
Xiangyang 襄阳
Xixia 西夏

Y

Yanjing (Beijing) 燕京（北京）
yarlik 敕令
Yelu Dashi 耶律大石
Yesugei 也速该
Yuan dynasty 元朝
yurts 圆顶帐篷

Z

Zhongdu (Beijing) 中都（北京）
Zhu Yuanzhang 朱元璋
Zhu Zhizhen 朱祁镇
znamenny 兹那门尼

图书在版编目（CIP）数据

蒙古帝国 /（美）比尔冈著；温海清译. — 北京：商务印书馆, 2015
（历史上的帝国）
ISBN 978 - 7 - 100 - 10965 - 9

Ⅰ. ①蒙…　Ⅱ. ①比… ②温…　Ⅲ. ①蒙古（古族名）— 民族历史　Ⅳ. ①K289

中国版本图书馆 CIP 数据核字（2014）第294846号

蒙 古 帝 国
〔美〕米夏埃尔·比尔冈　著
温海清　译

商 务 印 书 馆 出 版
（北京王府井大街36号　邮政编码 100710）
商 务 印 书 馆 发 行
北京市雅迪彩色印刷有限公司印刷
ISBN 978 - 7 - 100 - 10965 - 9

2015年4月第1版　　开本 720×1000　1/16
2015年4月第1次印刷　　印张 13

定价：58.00元